現場で使える！

コトラー理論

スグに役立つ！

神樹兵輔・著

日本文芸社

はじめに

「マーケティング」は生きていくうえでの知恵の宝庫です！

　今日の先進国では、経済の成熟化もあって、なかなかモノが売れにくい時代になったと言われます。

　過当競争というわけです。

　日本でも、デフレ不況が常態化し、円高の日本でのモノづくりは、風前の灯とも評されます。製造業は、海外進出に賭け、日本を脱出する以外に道はないのでしょうか。

　また、人口減少の日本では、もはやどんな商売、どんなビジネスも、縮小する一方のマーケットなので、うまくいかなくなるという指摘もあります。

　こんな日本悲観論が、聞かれるようになって久しいのですが、本当でしょうか。

　たしかに、日本にいて、国内だけにしか目が向いていないと、そんな錯覚をしてしまいがちです。

　しかし、世界のあらゆる国々と比較してみると、一目瞭然にわかることがあります。

　それは、厳しい過当競争が続くとはいえ、日本のマーケットはまだまだ十分巨大だということなのです。

　1億人以上の人口を有し、GDPも500兆円近くあり、中国に抜かれたといっても、その規模では世界第3位です。

高度なインフラが整い、教育水準が高く、治安も極めて良好です。
　地震などの災害が幾度となく襲ってきますが、それを乗り越えてきた実績においても、世界屈指のものがあります。
　少子高齢化といっても、それはまた新たな市場の到来でもあるでしょう。そのうえ、消費者は世界一厳しい品質重視の目をもっています。この国で、鍛えられたビジネスは、極めて優秀なものがあるといえるのです。
　したがって、日本で磨かれた技で、世界に向けてアピールする時、日本のビジネスは非常に強い競争力が備わっています。
　しかし、現実はそうではない──という声も昨今は、よく聞かれるようにもなりました。いったい、何が足りないというのでしょうか。何をプラスしなければならないというのでしょうか。

それこそが「マーケティングの力」と指摘されているのです。

　マーケティングとは、何なのでしょうか。マーケティングは、成功すれば、結果として多くの収益や報酬が見込めるものとされています。
　それゆえ、「マーケティング＝儲けティング」と決めつける

向きもあるぐらいなのです。しかし、そうではありません。
　マーケティングは、人を騙して、富を奪うようなものではないからです。マーケティングは、人々を幸福に導くものなのです。マーケティングは、ただ単に企業の問題解決に役立つヒントや知恵を授けてくれるだけのものではないのです。
　社会全体および、私たち一人一人の生き方においても、多くの糧を与えてくれるもの──それがマーケティングなのです。

　マーケティングは、人々の本当のニーズを探り当てるところから、はじまります。だからこそ、無限のヒントや知恵をもたらしてくれるものでもあるのです。
　マーケティングの父といわれるフィリップ・コトラーは、世の中のありとあらゆる事象を観察・分析・研究してきました。
　丹念に、世の中の失敗事例や成功事例を学ぶことから、本質をつかむ研究を続けてきたのです。
　その業績から、マーケティングといえば、コトラーの名前が一番に上がるほどの存在にもなっているのです。

> コトラーのマーケティングのエッセンスを知ることは、私たちも、その研究成果の膨大な果実の一端を手にすることでもあるでしょう。

それを生かすことで、私たちの新たな展望が開かれるのです。
　事業が壁にぶつかったり、新製品のアイデアが生まれてこない──こんな時ばかりに役立つのがマーケティングではないのです。
　私たちが生きていく時、人生の岐路に立ちいたった時にも、有効な知恵を授けてくれるもの──それが、マーケティングの力といえるものなのです。

　マーケティングは、私たちに本当に必要なものは何なのかを教えてくれます。真に価値のあるものは何か──ということをです。ゆえに、私たちの生活や暮らしが、よりよいものへと変わっていくことが期待できるのです。

　本書は、ビジネスの現場で使えるだけでなく、日常の生活や暮らしにも、人生のさまざまなシーンで生かせるマーケティングの教科書を目指しました。
　読みすすんでいただくにつれ、マーケティングの奥深さ、面白さに、きっと心弾む思いになるはずです。
　ぜひ、コトラーのエッセンスを身につけて、希望の未来を開いていただきたいと願っています。

著者

目次

マーケティングの神様 フィリップ・コトラーの教え
現場で使える！ コトラー理論

- はじめに…「マーケティング」は生きていくうえでの知恵の宝庫です！ ———— 2

CHAPTRER 1　マーケティングって何だろう？

- マーケティングの基本とその定義 ———— 10
- 顧客からの視点が第一のコトラー理論 ———— 15
- 本当の意味での顧客主義 ———— 19
- 市場の分析とマーケティング活動 ———— 27
- 「セグメンテーション」と「ポジショニング」の重要性 ———— 34

CHAPTRER 2　価値の創造って何だろう？

- 新商品開発のための必須条件 ———— 44
- 新商品の企画立案から商品開発まで ———— 50
- 商品の価格設定と流通戦略 ———— 59
- プロモーション活動とブランド力の強化 ———— 64
- ブランドの確立とその特長 ———— 70

CHAPTRER 3 サービス・マーケティングについて考えよう

無形の存在である「サービス」の原点 —————— 76
ディズニーリゾートにみるコトラーの教え —————— 89

CHAPTRER 4 ソーシャル・マーケティングについて考えよう！

ソーシャル・マーケティングの基本的な考え方 —————— 106
ソーシャル・マーケティングの成功例 —————— 117
企業の成功例とその戦略 —————— 122

CHAPTRER 5 マーケティングの成功＆失敗例

ペプシコーラにみるマーケティングの成功例 —————— 132
ロイヤルブルーティーにみるマーケティングの成功例 —————— 139
（株）リブセンスにみるマーケティングの成功例 —————— 145
お茶の「伊藤園」にみるマーケティングの成功例 —————— 151
サントリーにみるマーケティングの成功例 —————— 159

CHAPTRER 6 さまざまな企業事例に見る マーケティング戦略

- JALの倒産と復活 —————————————— 169
- 顧客志向を大切にして大成功 ————————— 171
- 顧客への対応で大切なこと ——————————— 174
- 奇跡の復活を遂げた企業の例 —————————— 177
- 新たな分野へチャレンジして成功！ ——————— 180
- コンセプトを見直したら人気爆発した医薬品！ —— 182
- 清涼飲料水が10円で買えるって本当？ —————— 184
- 味のマーケティングは難しい？ ————————— 187
- 「クーポン割引」と「学割」の違いとは？ —————— 189
- 化粧品業界に見る流通チャネルはどうなっているのか？
　———————————————————————— 191
- 「広告宣伝」と「値引き」を一切しないブランドの事例とは？
　———————————————————————— 195
- 「葉っぱ」をブランド化して大成功！ ——————— 197
- B級グルメの「たこ焼き」をブランド化へ ————— 200

編集協力／株式会社リアルプロモーション
本文DTP／株式会社キャップス
本文イラスト／長野　享
カバーデザイン／若林繁裕

CHAPTER 1

マーケティングって何だろう？

マーケティングの基本とその定義

マーケティングを誤解している人がいます。はじめにマーケティングの定義を押さえましょう。

マーケティングとは、「市場調査」や「広告・宣伝」のことですか?

「マーケティング」の概念を、「市場調査」や「広告・宣伝」「販売促進活動」といった狭義の意味だけでとらえている人は少なくないでしょう。

「マーケット＝市場」という言葉の響きから連想すると、そういった活動のことだと考えてしまうのも無理ないからです。

しかし、今日、こうしたとらえ方は、マーケティングの本質論の、一部分を押さえた見方にすぎなくなっています。

実は、マーケティングの概念は、今日では非常に幅広いものになっているからです。

現代のマーケティング理論をひと言で定義すると、「マーケティングとは、企業や非営利組織によって、顧客が真に求める製品やサービスを生み出し提供する活動のすべて」となりますが、こんな定義を聞かされると、よけいに漠然としたイメージになってしまうのかもしれません。

ですが、ここではまず、マーケティングとは、「市場調査」や「広告・宣伝」「販促活動」も、すべてを含んだ『売れる仕組み』のことなんだ——ぐらいに考えていただければと思います。

そもそも、「マーケティング」という言葉が使われるようになったのは、まだ20世紀の初頭ぐらいからです。

そして、一般に普及していくのは、第二次世界大戦以降の米国が中心となってのものです。

CHAPTER ① マーケティングって何だろう？

　米国の産業社会は、戦前からすでに大量生産で生産効率を上げる大量消費型社会へと着実に移行してきています。

　そんな都市化と産業化がすすむ過程にあっては、消費者は次々と利便性を求めるので、企業側が一方的にせよ、何か新しいモノやサービスを生み出し、大衆に向けて売り出せば、それなりにモノやサービスは受け入れられたのです。

　ところが、いつまでもそうした状態が続くことは、考えられないでしょう。

　大量生産の前提にあるのは、大量消費ですが、やがてモノやサービスが行き渡れば売れなくなり、勢い「売れ残り在庫」の問題や、「大量廃棄」といったマイナスの問題も生じてきます。

　消費者が求めるものは変わっていきますし、真に求めるモノやサービスが供給されなければ、次第に市場社会では受け入れられなくなるのは当然だからです。

　そこで、そんな問題の解決へ向けて、いろいろな「答え」が求められるようになります。それが、マーケティング理論を生み、育てることにつながってきたわけです。

　マーケティングが重要な位置を占めるに至った背景には、企業のみならず、非営利組織であっても、市場が真に求めるもの、消費者が本当に求めるものを提供しなければ、永続的な活動は続けられなくなる——ということが大きいでしょう。

　つまり、マーケティングとは、現実社会を観察し、分析することから生まれてきた理論ですから、成熟社会、価値の多様化した社会である今日ほど、その重要性は増してきているというわけです。

　ところで、私たちが、マーケティング理論を知っておいてトクをするというのは、どんなケースにおいてでしょうか。

　卑近なところでは、「新しい製品やサービスを開発したい」とか、「今扱っている製品やサービスをもっと売れるようにしたい」——といった時になるでしょう。そんな時に、あらかじめ考えられうる重要な「気づき」や「ヒント」を網羅的に教えてくれるのがマーケティング理論なのです。

11

実際の市場で起きた成功事例や失敗事例に則った法則や原理を提供してくれますから、マーケティング理論を知っていれば、成功への遠回りが避けられる――ということにもつながります。

　現実社会のエッセンスを提供してくれる「現代のマーケティング理論」には、そんな、さまざまな果実が詰まっているのです。

フィリップ・コトラーっていうのはどんな人ですか？

　さて、マーケティングというものが、一体どんなものなのか、少しずつでも、イメージが湧いてきたでしょうか。

　そんな現代マーケティング界にあって、世界的権威と称される人物に、フィリップ・コトラー（1931～）という存在があります。

　「現代マーケティングの父」とも**「マーケティング界の第一人者」**とも評され、著作の多くが世界各国で翻訳出版され、多くの支持者を得ている人物です。

　彼は、シカゴ大学で経営修士号、マサチューセッツ工科大学で経営博士号、ハーバード大学で数学を研究したのち、ノースウェスタン大学ケロッグ経営大学院で、インターナショナル・マーケティングの担当教授となっています。

　同大学院は雑誌「ビジネスウィーク」が実施する「全米で最も優れたビジネススクール」として6回も選出されるほどで、これまた、コトラー教授の功績として、よく知られるところとなっています。

　また、コトラー教授が執筆した**「マーケティング原理」**や**「マーケティング・マネジメント」**などの数多くの書籍は、時代の変遷とともに改訂版が出され、常に新しい事例が取り上げられるようにもなっています。

　そんなところがまた、今日なお世界中の大学やビジネススクールなどで、教科書として使われるゆえんでもあるのです。

　本書は、常に時代とともに進化してきた、マーケティング界の巨匠コトラーが説いてきた真髄を、誰にでもわかるように解説していきます。

マネジメントの父として有名なドラッカーとはどんな違いがありますか？

　P・F・ドラッカー（1909～2005）といえば、**「マネジメントの創始者」**といわれ、世界的に著名な経営学者であり、社会学者として知られています。

　ただし、ドラッカー自身は、**「社会生態学者」**と自称したように、関心は政治・行政・経済・経営・歴史・哲学・社会……と多岐に及びました。

　ドイツ系ユダヤ人として、オーストリアのウィーンで生まれ、ドイツのフランクフルト大学で法学博士号を得たのち、急伸したナチスの迫害を回避すべくイギリスのロンドンにわたって投資銀行に勤め、結婚後米国に移住して、バーモント州ベニントン大学教授となります。1943年に巨大企業ゼネラル・モーターズ（GM）の依頼を受けて経営を調査し、マネジメントの概念を著書によって確立します。以降は、フォードやゼネラル・エレクトリック（GE）などの大企業とコンサルタント契約を結び、ニューヨーク大学などの教授職と並行しながら、経営に関わる数多の著作を執筆しています。

　さて、ドラッカーもコトラーも企業経営者やエグゼクティブ層に非常に人気のある思想家と言ってよいのですが、二人の違いは何なのでしょうか。

　端的に言えば、ドラッカーが、組織や経営といったマネジメント全般を対象としたのに対し、コトラーは、マーケティングに的を絞って専門的に掘り下げた点が特徴的ということなのです。

　したがって、その考察は、多くの部分で重なり合っています。

　ドラッカーは、企業の目的を「利潤の追求」ではなく、**「顧客を創造すること」**と定義しました。今日、顧客第一主義を掲げる企業は珍しくありませんが、ドラッカーが提唱した頃には、「儲けることこそ第一」というのが常識でしたから、画期的なことだったのです。

> コトラーも、マーケティングの目的は、商品やサービスがよく売れるようにすることではなく、「社会が求める価値を提供することで、その見返りとして利益と交換すること」としています。

　いずれも、顧客を理解し、社会にとって有益な価値をもたらすものを重視する立場で、企業側の視点ではなく、**顧客側の視点**に立っているのです。

　また、ドラッカーは、企業も政府や病院、学校といった組織と何ら変わることなく、社会から必要とされるから存在できるとし、コトラーも社会への貢献から事業が構築されると考えています。

　組織は、社会や個人のニーズを満たすものを生み続け、顧客に満足を与え続けることが使命であり、存在意義だということで、両者は一致しているのです。

　そして、**ドラッカーは、企業の目的を「顧客の創造」と定義しましたが、そのために必要な活動は、「マーケティング」と「イノベーション」の2つだけであるとしました。しかも、マーケティングの理想は、販売（売り込み）を不要にすることと述べ、その点で、コトラーも、社会や顧客が、本当に必要としている商品やサービスを提供できるなら、売り込みは必要なくなるとしています。**

　つまり、商品やサービスの存在を知らせるだけで、報酬としての利益が得られ、次のより良い顧客満足のいく商品やサービスを生み出すサイクルにつながるとしているのです。

　ドラッカーが、企業の目的を「顧客の創造」と定義し、コトラーはその「顧客の発掘の仕方」をテーマに方法論を構築したというわけなのです。

現場で使える！Point

ドラッカーもコトラーも、「顧客が真に望む商品やサービスなら、販売（売り込み）は不要」と考えました。

顧客からの視点が第一のコトラー理論

「製品主義・販売主義」と「顧客主義」との違いはどこにあるのでしょうか？

コトラーの言う「顧客発想の視点」とはどういうことですか？

前述したように、ドラッカーが定義した企業の目的は「顧客の創造」でした。

そして、コトラーも同様に、顧客の視点でマーケティング活動を行なうことを提唱しました。

顧客の視点で、マーケティング活動を行なうというのは、製品や販売中心の考え方では、事業が継続していかないからだとしています。

モノが不足していた時代には、企業は大量生産でモノを作れば、作っただけ売れたものです（マス・マーケティングが通用した時代）。

いかに他社よりも、優位性を発揮できるモノを作れるか、そしてそれをどのような販売方法で展開すればよいかを考えていればよかったのです。

コトラーは、これを「製品主義・販売主義」の視点と指摘し、顧客の存在とその価値が軽視される結果、事業の継続が立ち行かなくなると、警鐘を鳴らしたのです。

日本では、人口も減少しはじめ、市場環境が急速に変わってきています。

また、新興国では、爆発的に消費市場が広がり始めました。

従来のように、「良い製品を作れば売れる」──という単純な発想だけでは、事業が存続できない経済環境にもなっています。

かつて世界を席巻した日本の家電メーカーが、軒並み巨額の赤字を出してしまう時代です。ひたすら高機能な製品を作れば、世界中の人々が買ってくれる時代でなくなっているのは明らかです。

> ## 「顧客主義」のつもりがそうでなかった例
>
> ―― ジャムの試食実験 ――
>
> 次のⒶとⒷは、米国のドレーガーズという高級スーパーでの実験です。
>
> Ⓐ　お客さんには、**24種類のジャムの試食ができる**ジャム売場を設けた。
> Ⓑ　お客さんには、**6種類のジャムの試食ができる**ジャム売場を設けた。
>
> 上記の結果、ジャム売場の売上はどうなったでしょうか。
> 実はⒷのほうが、Ⓐの10倍もジャムの売上が上がりました。
> これは、NHK「コロンビア白熱教室」でおなじみのコロンビア大学ビジネススクールのシーナ・アイエンガー教授が、1995年に行なった実験で有名になった事例です。Ⓐのほうが試食をするお客さんは増えたのですが、実際の購入客はⒷのほうが圧倒的に多かったのです。アイエンガー教授は「選択の科学」の研究者ですが、「選択肢が多すぎると人間の判断能力を超えてしまう」事例として取り上げたのです。つまり顧客を混乱させただけで、顧客のためには役立っていなかったということがわかります。

　顧客のニーズを見極めたモノづくりをしなければならなくなっただけでなく、顧客が気づいていない潜在的なニーズを見つけなければならない時代になっているのです。アップル社の高機能携帯スマートフォンの発想は、単なる携帯電話の延長線上になかったからこそ、大人気商品になったといわれるゆえんです。

　顧客自身が気づいていなかった、新たなニーズを見つけたことこそが、成功の鍵だったわけです。つまり、顧客にモノを売りつける発想では、もはやうまくいかなくなったということです。

　顧客を創造するとは、顧客が本当にほしい、価値あるものを見出すこと。そして、それを提供する方法においても、ファンやサポーターになってもらえる仕組みを構築していかなければならない――そんな時代になったのです。

　顧客は、収益をもたらしてくれる源泉ですが、だからこそ、生涯にわたってパートナーになってもらわなければならない存在なのです。

既存の顧客を大切にするってどういうことですか？

　競争が激化する市場では、新規の顧客を見つけるのは、大変な苦労がともないます。とりわけ成熟・人口減少社会にあっては、経済が右肩上がりどころか、右肩下がりになっていくわけですから、経済の縮小に合わせた考え方が大事になります。

　コトラーは、**これからは、新規の顧客を見つけて製品やサービスを購入してもらう時代は、すでに終わったと指摘しています。**

　むしろ、既存顧客を大切にして、長期にわたる「関係性」を結ぶことが必要だと述べています。

　需要が拡大している時は、既存顧客をあまり大事にしなくても、新規顧客を次々獲得できましたから、企業の姿勢も「製品主義・販売主義」でよかったわけです。ところが需要が縮小していく日本社会では、既存顧客を大事にしていく以外に道はないのです。

　コトラーは、早くから、このことに気づき言及していたわけです。

顧客の生涯価値（LTV）ってどういうことですか？

　一般に、新規顧客を獲得するためのコストは、既存の顧客を維持するコストの5倍〜10倍かかるといわれています。

　したがって、市場が縮小している時に、新規顧客を追い求めていたのでは、やがて、行き詰まってしまうのです。

　コトラーは、顧客が1回あたり、その企業に対していくら支出してくれるかの顧客単価を、顧客の生涯にわたって考えるべきと提唱しています。

　たとえば、1000円のTシャツを買ってくれたお客は、1000円をもたらしてくれただけのお客さんではありません。そのメーカーやお店のTシャツを気に入ってくれれば、年に3〜4回は買ってくれるかもしれません。

顧客の生涯価値（LTV）に注目しよう！

A店
「いつも感じの良い店だな！また来よう」
Tシャツ2〜3着×10数年＝数万円以上
（ずっと続く！）

B店
「感じ悪い店だ！二度と買わないぞ」
Tシャツ1着……1000円
（これで終わり！）

　さらに、10年、20年ファンでい続けてくれるなら、累積する商品代金は、数万円〜数十万円にも及ぶと考えることもできるでしょう。

　これが、コトラーの言う「顧客の生涯価値（Life Time Value）」なのです。

　お客が、買って帰ったTシャツに、何かの不満を抱き、返品を申し出たとしましょう。その時、メーカーやお店の対応が悪かったならどうなるでしょう。

　もう二度と、悪印象を抱いたお客は、そのメーカーやお店から商品を買うことをしなくなります。

　モノ不足で製品が飛ぶように売れていた時代なら、「製品主義・販売主義」のまま、次々と新規顧客を相手に売っていればよかったでしょうが、成熟したマーケットの現代では、たちまち顧客にソッポを向かれ、事業存続の危機にも直結するわけです。

現場で使える！Point

新規顧客を追い求めるより、
既存顧客を大切にすることが重要！

本当の意味での顧客主義

「顧客主義」とは、お客さんの
「奴隷」になることではありません。

モノやサービスを売れなくするマーケティングまであるのですか?

　マーケティングは、「モノやサービスをよく売れるようにすることではない」とコトラーは喝破しました。

　モノやサービスを売りつける発想ではなく、顧客が真に求めているものを生み出し、提供する「顧客主義」でなければ、企業と市場の「関係性」を構築できないと説いたわけです。

　その意味を端的に象徴しているのが、**「デ・マーケティング」**の概念です。「デ・マーケティング」の「デ（de）」とは、接頭語で、除去や否定を表します。

　すなわち、「デ・マーケティング」とは、需要を冷やし、「売れなくする」「買わせない」ためのマーケティングなのです。

　なぜ、マーケティングにこんな視点が必要なのでしょうか。

　それは、顧客と企業との「結びつき」や「関係性」を重視するがゆえの、事業の継続性を担保するために必要な措置だからなのです。

　たとえば、タバコという嗜好品は、今日健康に有害であるという認識は定着しています。

　これを、「タバコを吸うと、気分がリラックスしていいですよ。大いにタバコの効果を活用しましょう」などと広告宣伝することは、もはや許されない時代になっています。

　吸っている人の健康被害だけでなく、副流煙に含まれる有害物質が、周囲の

人々の健康にも影響するからです。

したがって、タバコを吸う愛煙家との関係性だけでなく、嫌煙派の人々との「関係性」をも良好に保つためのマーケティングが求められるのです。

タバコ会社のマーケティングは、愛煙家の健康を気遣い、マナーの向上を訴え、喫煙スペースの確保や、吸殻やごみの回収、環境保護活動などを行なっていかなければ、企業そのものの存続に関わることにもなったというわけです。

また、サービス産業の場合でも、いたずらにお客が増えればよいというものではありません。

大人の雰囲気を保つために、高級レストランが小学生までの児童の入店を禁止したり、ディズニーリゾートなどのテーマパークが、一定の顧客数以上を入園させないよう入場規制することで、利用者の利便性や快適性を損なわないように配慮しているのも、「デ・マーケティング」に他ならないわけです。

大勢の顧客に詰めかけてもらい、儲かればよい——といった「製品主義・販売主義」の発想では、たちまち顧客との「結びつき」や「つながり」が断ち切られてしまうからなのです。

顧客の視点に立ったマーケティングの重要性が、ここでも大きな意味をもっているわけです。

「マーケティング」は顧客の要求をすべて満たせばよいのですか？

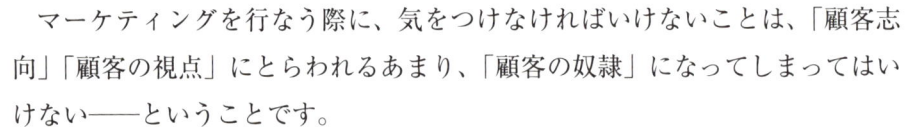

マーケティングを行なう際に、気をつけなければいけないことは、「顧客志向」「顧客の視点」にとらわれるあまり、「顧客の奴隷」になってしまってはいけない——ということです。

「顧客第一主義」「顧客満足の最大化を図る」といったスローガンが、世の中に満ち溢れる時代です。しかし、それゆえにとんでもない誤解をしがちなので、注意しなければならないのです。

コトラーは、「顧客は本当にほしいものに気づいていない」と指摘してい

CHAPTER 1 マーケティングって何だろう？

顧客は本当にほしいものに気づいていない

お客さんは値引きが好き？

「ねぇねぇ…あの高級ブランドのロンドンパリスショップが今日から特別バーゲンやるんだって」

「一緒に行こうよ」

「え～っ？」

「どうしたの？体調でも悪いの？」

「いえ…何でもないわ　私、行かない…」

（ああ…ロンドンパリスも落ちたもんだわ…　安売りに走って貧乏OLを喜ばす店になるなんて…　アタシは二度と行かないわ…）

ます。ゆえに、顧客の要求することのすべてに耳を傾けても、それは顧客の真に求めているモノを提供したことにはならない——ということなのです。

　顧客は、わがままですから、何でも要求します。
　しかし、その通りに行動したからといって、本当に喜ばれるのか、満足してもらえるのか——といったこととは別次元なのです。
　たとえば、お客は一般に「商品の値引き」が大好きです。
　しかし、だからといって、値引きをすると大喜びしてくれるかというと、かえって、安物という別の認識も引き起こします。
　それまで、その商品に対して、価格相応あるいは価格以上の価値を見出してくれていたお客さんの中には、「安売り」を嫌って離れていってしまう場合もあるからです。
　顧客の購買心理には、さまざまな志向があることが知られています。
　たとえば、高級ブランド品を好んで買う人は、「ウェブレン効果」がはたらくからと指摘されますが、これは、高級ブランド品を身に着けることで、自分もそれにふさわしい人間と誇らしく思いたい心理、見せびらかしたい心理が内在していることが多い——というものです。
　また、流行や人気の高級ブランドに流されるのを嫌う人は、かえって別志向を好む「スノッブ効果」がはたらきやすいことでも知られています。
　消費者は一様ではないのです。
　コトラーは、顧客の真意を理解せずに、一方的な思い込みでマーケティング戦略を立ててしまうことを「マーケティング・マイオピア」と言っています。
　マイオピアとは「近視眼」という意味です。
　顧客の求める機能をすべて兼ね備え、世界最高の高品質を実現した日本の家電製品は、今日収益が上がらないジレンマに陥ってしまっています。
　世界一優秀で素晴らしい製品と、世界中で長い間讃えられてきたのにです。
　結果的に、家電メーカー各社は、大赤字になってしまったのです。
　まさしく「マーケティング・マイオピア」の典型例なのです。
　顧客の要望を何でも聞き入れるより、カッコよく、使い勝手の良いiPodや

iPhone、iPadが売れ、機能を絞りこんだ低価格の製品が新興国では売れています。

日本の家電製品は、高機能すぎて新興国ではまだまだ値段が高すぎ、先進国では値下げ競争をしても売れない——といった現象が生じてきたのです。

お客の言いなりになることが、けっして「顧客主義」にならないことを、如実に示す例ともなっているのです。

顧客との特別な「関係性」を作るにはどうすればよいのですか？

コトラーは、自社の製品やサービスを利用してくれるすべての顧客を、平等に扱うことは難しい時代になっている——と指摘しています。

優良な顧客を選別して、自社との「関係性」を構築していくことがより重要になっているというのです。

つまり、マス・マーケティングが通用しない時代だからなのです。

企業への貢献度——すなわち利用頻度の高い顧客に対するサービスや優遇策で、企業との「関係性」を維持するほうが効率がよいからでもあります。

今ではすっかり定着しましたが、航空会社のマイレージサービスをはじめ、各種のポイントカードが、顧客囲い込みの象徴的なツールになっています。

零細な小売業までもが、大手のポイントカードに乗り入れていないと、顧客に離れられてしまうほど、こうした特典交換のポイントカードは普及してきました。

また、優良顧客のデータを集積することで、特別な会員組織を作ることもさかんに行なわれています。

マイレージサービスでは、空港利用の際に、航空会社のサービス施設を利用できる会員の上級ランクを設けていますし、クレジットカード会社は、利用額の多い顧客には、より高額の年会費のかかるプラチナカード（ブラックカード）の加入を勧め、一般のカード会員にはない特別のサービスを付与することで、顧客ロイヤリティーを高めるとともに、優良顧客へのプライドをくすぐっ

ています。

　もちろん、企業と顧客との「関係性」は、こうした商品やサービスを通じての直接的なものだけでないのは、いうまでもありません。コトラーは、顧客が感じる価値について、次のようなポイントを挙げています。

> ※製品そのものが顧客にもたらす価値
> ※製品に付随するサービスが顧客にもたらす価値
> ※製品企業の従業員が顧客に接する際などに顧客にもたらす価値
> ※製品や企業のブランドやイメージが顧客にもたらす価値

　こうした製品にまつわる諸々の価値が、トータルとして、顧客と企業を結ぶ「関係性」を形作っているわけです。

　したがって、今日では、製品そのものや、広告宣伝だけでなく、ネット空間における企業のHP、お客様相談室などでの電話対応、顧客との販売時の接客対応場面……などなど、製品に関わるありとあらゆるものが、顧客との大事な結びつきを担保しています。

　これが「顧客主義」における企業のありかたを象徴するものにもなっているのです。

CSとはどんなことを意味しますか?

今日のマーケティングのありかたでは、顧客が不満を表明しなければ、「とりたてて問題はない」と考えるわけにはいかない段階に入っています。

　顧客満足（CS＝カスタマーサティスファクション）が、どこまで及んでいるのかを追求していかなければならない――ということなのです。
　可もなく不可もないレベルでの顧客満足度では、意味がないからです。
　それでは、他の製品やサービスとの差別化ができていないことになります。
　顧客との「関係性」が結べているとは言えないレベルだからです。
　コトラーは、製品やサービスが、「顧客が期待する以上の満足」をもたらしたかどうかが重要であると述べています。
　期待以上の満足が得られてはじめて、顧客は、その製品やサービスに喜びを感じ、ブランドとしての地位を与えてくれるからです。
　もちろん、万人を満足させることなどはできませんが、期待以上に満足してくれる顧客の層や人数を増やす努力は必要です。
　そのために、どんな層のどんな顧客に対して、どんな満足をもたらせばよいのかということが、重要になってくるわけです。
　そこで必要なのが、市場を細分化（セグメント）することになってきます。
　自社にとって、最適な顧客を想定し、その顧客に見合った製品やサービスを考え、どんな販路で、どんな形で届ければよいのか――を検討するわけです。

現場で使える！ Point
すべての人を満足させるのは無理なのでセグメンテーション（細分化）が必要になる！

CS (Customer Satisfaction) とは？

顧客の満足度分布

- ……《素晴らしかった！　ぜひまた行きたい！》 ┐ 高評価
- ……《すごくよかった！　価格も安かった！》 ┘
- ……《よかったけど、価格も価格だからね！》 } 普通
- ……《価格が高すぎて、あの程度のサービスか！》 ┐ 低評価
- ……《価格が高いだけで、ろくなもんじゃない！》 ┘

↓

すべての人を満足させるのは無理!

顧客のセグメンテーションが必要！

- 例えば……→ 富裕層　上流層　中流層　下流層
- 金持ちだけを対象とする……→ ○（富裕層・上流層）　×（中流層・下流層）

市場の分析とマーケティング活動

マーケティング活動で重要な概念や手法を見ていきましょう。

「4P」から「4C」とは、何のことですか？

　マーケティング活動を行なうに当たっては、数々のツールが必要になります。
　そして、目標を効果的に実現するためには、これらのツールを上手に組み合わせて使っていくことが重要です。
　このように、マーケティング・ツールを効果的に組み合わせることを、「**マーケティング・ミックス**」と呼びます。
　1961年に米国のマーケティング学者のマッカーシーは、マーケティング活動に用いるツールを4分類に分けて、その頭文字をとって、「4つのP」と名付けました。

「4つのP」とは、「製品（Product）」「価格（Price）」「プロモーション（Promotion）」「流通（Place）」の頭文字のことです。

①はじめに「何を売るか？」で、「製品」の分野や品質、機能、特徴、サイズ、ブランド、デザイン、パッケージなどが考えられます。
②そして、それを「いくらで売るか？」で、「価格」のさまざまな構成が考えられます。
③さらに、それを、「どのように周知するか？」で、「プロモーション」の販促、宣伝、広告、イベント、広報などの活動が考えられます。
④そして、最後に「どんな届け方をするか？」で、流通、販売地域、在庫量、陳列方法など、販売チャネルの利便性や効率性が考えられます。

こうした段取りで、製品が顧客の元へ届く仕組みを考えるというのが、マーケティングにおける**「4P活動」**と呼ばれるものですが、マーケティング学者によっては、「パッケージング」を別分類にして、5Pを唱える人もいましたし、コトラー自身も、「政策（Politics）」と「パブリック・リレーション＝PR（Public Relasions）」を別分類で加えることを提唱した時期もあります。
　しかし、Pの頭文字にこだわらず、マーケティング・ツールは本質論で分類すべきとの考えも示されます。
　こうしてこの「4P」を土台にして、やがて「4P」から「4C」という考え方が生まれてきます。

> 　コトラーは、「4P」の考え方が「売り手側からのはたらきかけ」が強いとして、むしろ、顧客のニーズにどう応えるべきかを主眼に置いた「4C」という概念のほうがふさわしいと考えるようになります。

「4C」とは、以下の4つになります。

▶**「顧客ソリューション（Customer solution）」**
「課題の解決」＝「何が求められているか」を追求すること（顧客ニーズ・市場動向・社会の変化など）。

▶**「顧客コスト（Customer cost）」**
どれだけのコストで顧客理解が得られるか（価格・支払方法・支払条件など）。

▶**「利便性（Convenience）」**
便利さの追求（買いやすさ・使いやすさ・耐久性など）。

▶**「コミュニケーション（Communication）」**
どんなコミュニケーションをとるか（広告・宣伝・店頭販促・通信販促・ヒヤリング・アフターケアなど）。

4P	4C
製品（Product）	顧客ソリューション（Customer Solution）
価格（Price）	顧客コスト（Customer Cost）
プロモーション（Promotion）	利便性（Convenience）
流通（Place）	コミュニケーション（Comunication）

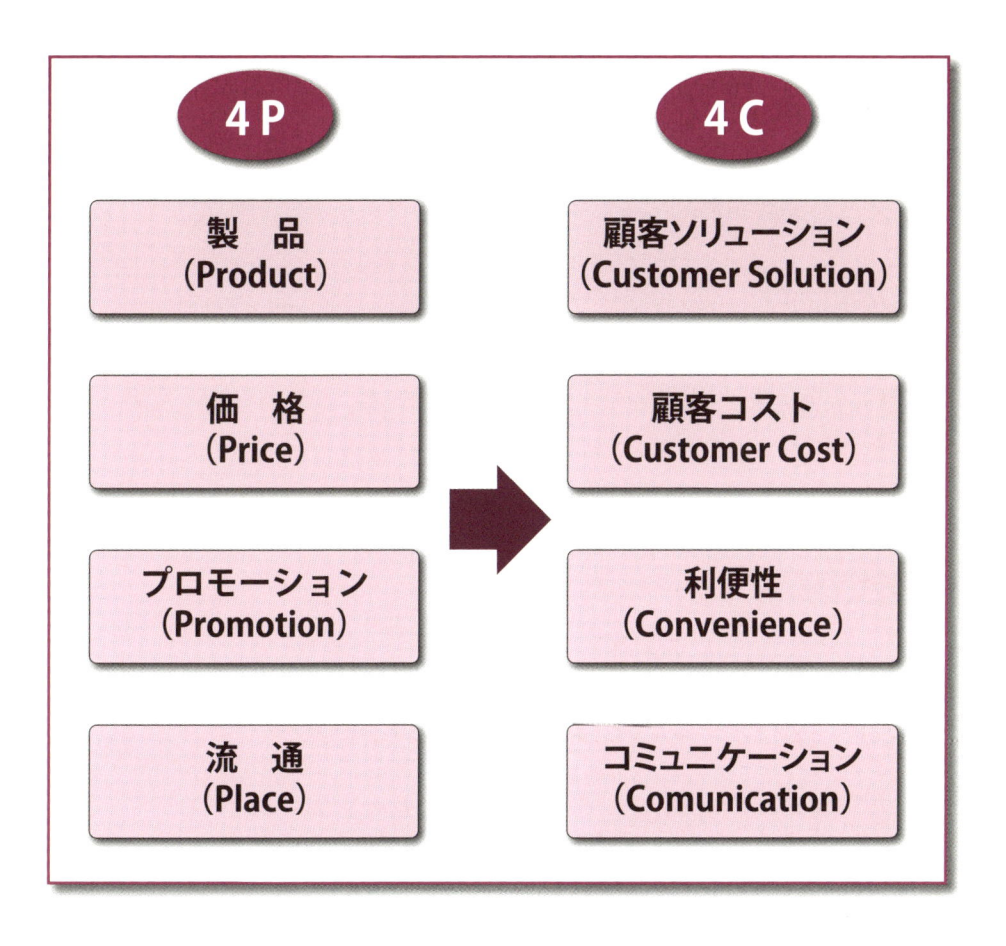

　したがって、現在のマーケティングの主流の考え方としては、「4P」というとらえ方から、「4C」という概念でくくられることが多くなったのです。さすがコトラーの面目躍如といったところでしょうか。

マーケティングの基本的手順は具体的にはどうすすめられるのですか？

　すでに、マーケティングのツールについて見ていただき、「マーケティング・ミックス」の考え方は、把握できたことと思います。
　ここからは、マーケティングの基本的な手順について、コトラー理論を紹介

していきましょう。

　コトラーは、マーケティングの基本手順を次の5つのステップとしています。

- ステップ1　………「リサーチ（Marketing Research）」
  　　　　　　　　　　↓
- ステップ2　………「STP」（※ Segmentation/Targeting/Positioning）
  　　　　　　　　　　↓
- ステップ3　………「マーケティング・ミックス（Marketing Mix）」
  　　　　　　　　　　↓
- ステップ4　………「実施（Inplementation）」
  　　　　　　　　　　↓
- ステップ5　………「管理（Control）」

　まず、ステップ1の「リサーチ」とは、文字通りの「市場調査」のことです。
　市場に、どんな顧客がいるのかがわからなければ、マーケティングは行なえません。

　また、市場には「有効市場」と「潜在市場」があります。
　すでに製品やサービスを購入してくれる買い手がいるのは、「有効市場」です。そして、購入の可能性をもつ買い手がいるのは「潜在市場」となります。

「有効市場」に向けて行なうべきマーケティング活動は、今後も継続して製品やサービスを購入してくれるよう、そのプロセスを考えていかなければなりません。

　一方、「潜在市場」に向けては、企業側が、どんな行動をとることによって、製品やサービスを購入してくれるようになるのか——を考える必要があります。

　ある製品やサービスに何かが不足しているために購入してくれないのか、あるいは購買能力に問題があって購入してくれないのか、購入する機会が乏しいから購入してくれないのか——といったことを考えなければなりません。

　当然ですが、そうした市場を考える際には、購買人口・購買意欲・購買能力

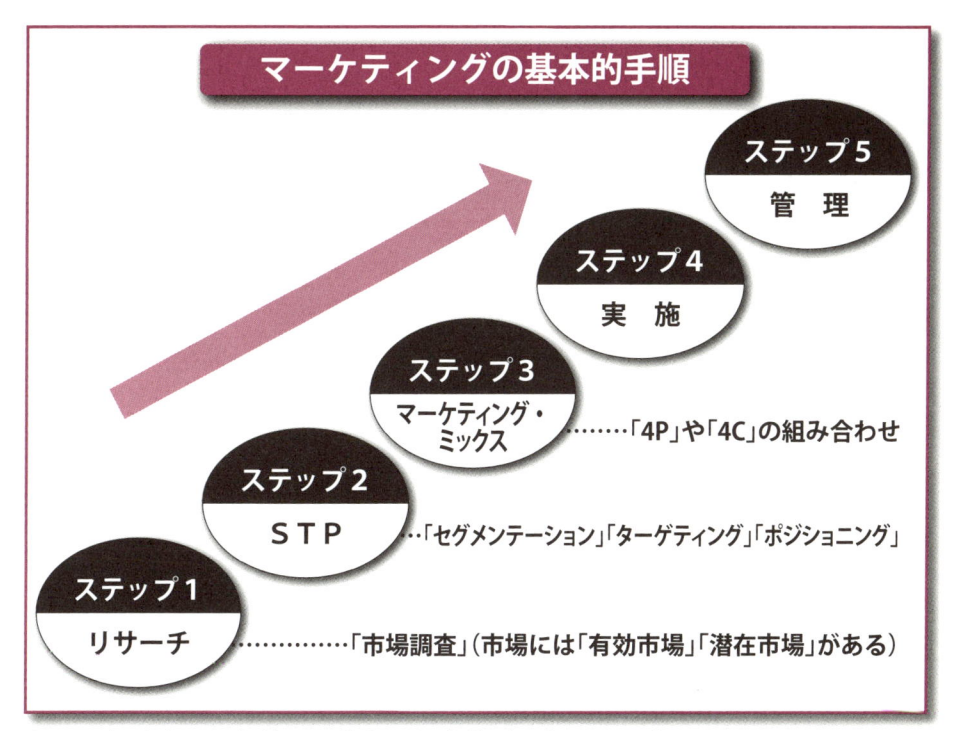

CHAPTER ① マーケティングって何だろう？

マーケティングの基本的手順

- ステップ5　管理
- ステップ4　実施
- ステップ3　マーケティング・ミックス　……「4P」や「4C」の組み合わせ
- ステップ2　STP　……「セグメンテーション」「ターゲティング」「ポジショニング」
- ステップ1　リサーチ　……「市場調査」（市場には「有効市場」「潜在市場」がある）

といったポイントを併せて考えておく必要があるのです。

自社の内外の環境分析「SWOT」と「TOWS」って何ですか？

また、こうした市場と向き合う時には、自社の「強み」と「弱み」もしっかり理解しておかなければならないでしょう。

コトラーは、自社の環境分析を行なう必要性を強調しています。

企業の環境分析には、**「SWOT」**という分析手法が、マーケティングでは一般的です。

これは、次のように自社を内部環境と外部環境に分けて考察する方法です。

> 「S」は、内部環境における自社の「強み（Strengths）」です
> 「W」は、内部環境における自社の「弱み（Weaknesses）」です

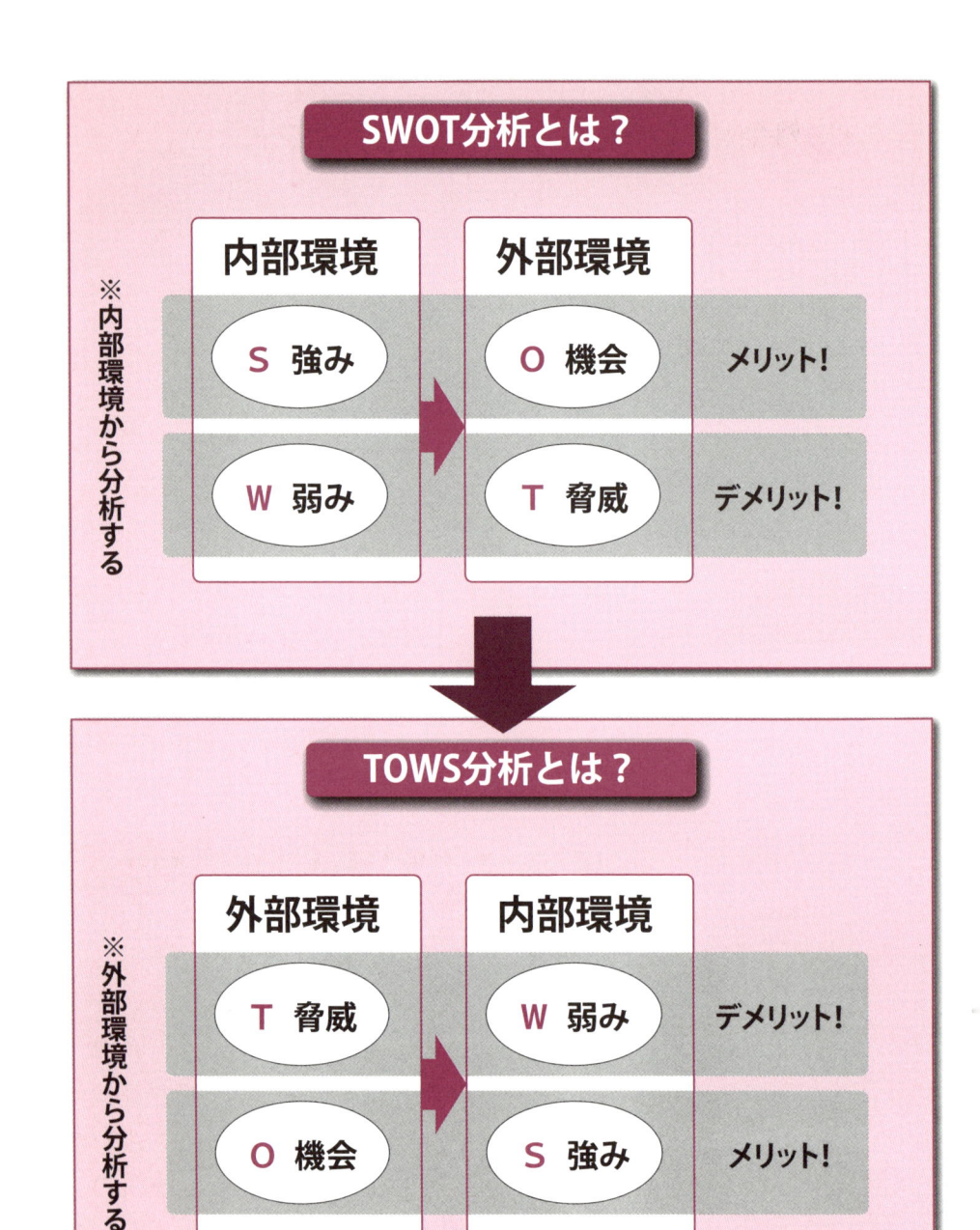

SWOT分析とは？

※内部環境から分析する

内部環境	外部環境	
S 強み	O 機会	メリット！
W 弱み	T 脅威	デメリット！

TOWS分析とは？

※外部環境から分析する

外部環境	内部環境	
T 脅威	W 弱み	デメリット！
O 機会	S 強み	メリット！

「O」は、外部環境における自社の「機会（Opportunities）」です
「T」は、外部環境における自社の「脅威（Threats）」です

　ただし、コトラーは、この方法論で自社を分析すると、「S→W→O→T」の順になるため、自社の「強み」と「弱み」を内部環境から先に検討することになると懸念しました。
　すると、自社の「強み」と「弱み」に先に目が行くために、どうしても視野が狭くなる弊害が出てくることを指摘したのです。
　すなわち、外部環境の「機会」や「脅威」に対して、どのように効果的に「強み」を生かし、「弱み」を最小限にするかの方策が、抜け落ちやすい点を問題だとしたのです。
　そこで、コトラーは外部環境のほうを、内部環境よりも先に検討することで、この弊害をなくそうと考えました。
「SWOT」ではなく、これを逆転させた「TOWS」の視点こそが大事だと提唱したわけです。これが、市場を前にしての、自社の置かれた内外環境を分析するにふさわしい効果的な手法となったのです。

> SWOT分析とTOWS分析は大切なのじゃ

現場で使える！Point

マーケティング活動で非常に重要な
「ステップ1」から「ステップ3」までは、
しっかり覚えておこう！

「セグメンテーション」と「ポジショニング」の重要性

マーケティングが、成功するかどうかについては、この戦略部分のSTPが非常に重要です。

コトラーが提唱する「STP」ってなんですか?

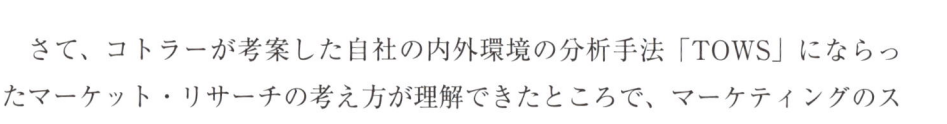

さて、コトラーが考案した自社の内外環境の分析手法「TOWS」にならったマーケット・リサーチの考え方が理解できたところで、マーケティングのステップ2である「STP」を解説いたします。

コトラー理論といえば、この「STP」が最も有名でしょう。

これまたアルファベットの頭文字を並べた名称ですから、簡単に覚えておくことができます。

> ※「STP」のSは、セグメンテーション(Segmentation)のことです。
> ※「STP」のTは、ターゲティング(Targeting)のことです。
> ※「STP」のPは、ポジショニング(Positioning)のことです。

コトラーが、マーケティングの基本手順を5つのステップ(1 = リサーチ　2 = STP　3 = マーケティング・ミックス　4 = 実施　5 = 管理)に分けていることは、すでにお伝えしました。

これをコトラーは、別の言葉では、マーケティングは「戦略」→「戦術」→「価値」という順番で行なうものだ——とも言及しているのです。

5つのステップに当てはめると、戦略にあたるのが1と2になります。

戦術にあたるのが3でしょう。そして、価値にあたるのが、4と5になります。

CHAPTER ① マーケティングって何だろう？

戦略の目的は、マインド・シェアの獲得です（消費者が商品を購入するときに、すぐに心に思い浮かべる商品名や企業名の割合のことです。カップめんなら「カップ・ヌードル」とか、緑茶飲料なら「おーいお茶」の伊藤園など）。

戦術の目的は、マーケット・シェアの獲得です（市場占有率や他社と比較しての優位性など）。

価値の目的は、ハート・シェアの獲得です（消費者がビールはキリンの「一番搾り」に限るとか、インスタントラーメンは「サッポロ一番の味噌味」が最高にうまい、などといった、いわば熱烈なファンの度合い、忠誠心や愛着心のこと）。

では、戦略の目的であるマインド・シェアの獲得のために行なっていく「STP」理論とは、具体的にはどういうことを意味するのでしょうか。

「セグメンテーション」と「ターゲティング」って何ですか？

まず、はじめにセグメンテーションですが、ひと事で言えば「市場の細分化」のことです。

市場には、さまざまな顧客がいます。

地域や性別、年齢や収入、趣味や嗜好、ライフスタイルなどさまざまです。

自社の強みを発揮して勝負が挑めるのは、どんな顧客なのか。

それを明らかにするのがセグメンテーション（細分化）なのです。

自動車を売るにしろ、インスタントラーメンを売るにしろ、化粧品を売るにしろ、顧客をあらかじめ選別しないと始まらない時代だからです。

ひと昔前なら、規格品を大量生産して市場に送り込めば、誰もが買ってくれたモノでも、今では競争が激しいですから、どんな顧客向けに届けようとした商品なのか、その個性が明確になっていなければ、数多の商品群の中に埋没してしまうからです。

10代の学生向け、20代の女性向け、40代以上の男性向け……といった年齢や性別だけでなく、地域、収入、趣味、ライフスタイル……といった共通の項目

これが「セグメンテーション」

※市場を細分化します！

- スポーツカー
- 軽自動車
- ファミリーワゴン
- 普通車セダン
- 高級車

これが「ターゲティング」

※さらに絞り込んで「顧客像」を明らかにします！

- 年齢35〜45歳
- 年収450〜650万円
- サラリーマン
- 妻パート勤め
- 子供2人
- 郊外の賃貸マンション
- 休日は家族で買い物に行くことが多い

CHAPTER ① マーケティングって何だろう？

で市場を細分化していくことが大切なのです。セグメントによって、自社の強みが最も発揮できる市場が明確になってきます。

　たとえば、富裕層や企業のエグゼクティブ層を対象とするシティホテルには、国内資本では、帝国ホテル、ホテルオークラなどがあげられます。外資系なら、ザ・リッツ・カールトン、パークハイアット東京などがすぐにも思いつきます。

　一方で、廉価な価格設定で、出張サラリーマンに人気が高いビジネスホテルといえば、スーパーホテルや東横イン、中級クラスならワシントンホテルやサンルートホテルといった具合に市場をセグメント化していることが、よくわかるでしょう。

> このように細分化された特定の市場に向けて、さらに顧客像を絞り込んでいくこと——これを、コトラーは「ターゲティング」と名付けたのです。

　コトラーは、「平均」という概念は、マーケティングにおいては、意味がない場合もあるとして「片足を熱湯に入れ、片足を氷水に入れた場合でも、平均を求めれば快適という答えが出てしまう」と皮肉っています。

　ゆえに、細分化した市場の中で、さらに具体的な顧客像をイメージすること——「ターゲティング」の重要性を強調したのです。

「ポジショニング」って何ですか？

> ポジショニングとは、顧客の心の中に、明確なポジション（存在価値の位置づけ）を得ることを言います。

　それによって、マーケットにおいても自社のポジションが決定づけられるのです。

　消費者の記憶の中に、ポジティブな印象が焼き付けられていれば、企業が提供する商品やサービスに対して、顧客が末永いファンになってくれることが期待できます。

　たとえば、ユニクロは安い衣料品の店ではありません。
「高品質でも手軽な価格帯の、カラフルで、デザイン性のよい定番衣類を提供

これが「ポジショニング」

「ビールはやっぱりキリンの一番搾りだね！」

「出張でよく使うのはスーパーホテルだね」

「カジュアル服はユニクロで買ってます」

「夜食はサッポロ一番の味噌ラーメンが好きです」

「レトルトカレーはハウスのククレカレー　中辛がいいね！　コカコーラのゼロもうまいよね！」

「お醤油はキッコーマン　マヨネーズはキユーピーね」

「よく行くデパートは銀座の三越よ」

※顧客の心の中での「定番」の位置付けのモノやサービスのことです。

してくれるお店」というイメージが浸透しています。
　こうしてユニクロを利用してくれるファンが根付いていくのです。

ポジショニングに成功すれば、顧客の生涯価値（LTV）も得られます。
　コトラーは、ポジショニングには、競争優位性を発揮することが重要だと述べています。競争優位性があればこそ、ふさわしいポジションが得られるからです。
　リッツ・カールトンホテルは、超高級ホテルとしてポジショニングされています。設備も従業員サービスも一流のもてなしを売りにしているのです。
　もし、この超高級ホテルが、格安ビジネスホテルチェーンも始めたとしたら、どうでしょう。おそらく超高級ホテルのポジショニングが毀損するのは間違いないといえます。
　また、スーパーホテルや東横インなどの、格安だけど快適を売りにしているビジネスホテルが、超高級ホテルを開業したとしても超高級ホテルのポジショニングを得るのは難しいでしょう。
　このように考えれば、ポジショニングは、個性であり、一番自社の強みを発揮できる競争優位性に起因していることがわかります。
　セグメンテーションとターゲティングによって、どんな顧客にアピールするかが決まったら、その顧客像に最も喜ばれる商品やサービスを提供するかで、ポジショニングもおのずと定まってくるのです。

顧客にとって、なくてはならない、かけがえのない存在になること——それが自社にとっての、ポジショニングの成功の鍵といえるのです。
　ちなみに、コトラーは、市場における競争のポジショニングを4つに分類しています。

①マーケット・リーダー……業界最大手のトップシェアを持つ企業
②チャレンジャー……トップシェアを狙う2番手企業
③フォロワー……リーダーやチャレンジャーの戦略を模倣し追随する企業
④ニッチャー……市場の隙間（ニッチ）を狙い独特のシェアを得る企業

実際の企業にたとえてみるならば、化粧品業界のリーダーは、資生堂です。
　チャレンジャーは、花王のビューティーケア事業になります。そして、フォロワーがコーセーでしょう。ニッチャーに該当するのが、ファンケルやDHCといったところになります。
　ビール業界なら、かつてのリーダーはキリンで、アサヒはチャレンジャーでしたが、現在ではキリンとアサヒの両雄がリーダーの位置にあります。
　サッポロやサントリーはフォロワーでしょう。
　そして各地で独自の販路を築いている地ビール銘柄各社が、ニッチャーという位置づけになります。
　各企業は、巧みなポジショニングによって、自らの地位を築いているのです。
　また、マーケット・リーダーは、大体において、マインド・シェアにおいても1位を獲得していることが少なくありません。
　しかし、必ずしも一致するものでもないのです。
　たとえば、かつてはビールのマインド・シェアといえば、マーケット・シェア同様に、キリンが圧倒的でした。しかし、現在ではビールでも、アサヒを思い浮かべる人や、サントリーのプレミアム・モルツをイメージする場合も増えています。
　かつては、コンビニといえばセブン・イレブンだけを思い浮かべる人が多かったでしょうが、今ではローソンやファミリーマートという人もいるでしょう。
　また、北海道の人は、コンビニといえばセイコーマートを思い浮かべます。北海道においては、コンビニのマーケット・シェアも、セイコーマートが1位だからです。
　牛丼といえばかつては、吉野家でしたが、今では、すきやや松屋を思い浮かべる人も増えています。首都圏では煮込んだ牛丼でなく「焼き牛丼」という差別化商品で、東京チカラめしというお店も人気を呼んでいます。

　このように、マーケット・シェアの変遷だけでなく、さまざまな要因によっても、マインド・シェアは変わっていくのです。

「価値を創造する」ってどんなことを考えればよいのですか？

　さて、セグメントで市場を細分化し、さらに細分化市場を掘り下げるターゲティングによって、標的となる顧客像が定まり、ポジショニングでどのような自社や商品の位置づけを考えるか——というところまでは、ご理解いただけたかと思います。

　こうした絞り込みによって、市場のどこにいる、どんな顧客に、どんな価値をアピールすべきか、マーケティングが具体性をもってくるのです。

　コトラーは「平均的な顧客」はいないと喝破しているように、マーケティングは漠然と行なってはならないことを示しています。

　次の章からは、「4P」あるいは、「4C」のツールを使っての、マーケティング・ミックスの段階に入っていきますが、「4P」と「4C」については、すでに説明した通りです。ここまでで、すでにマーケティングの大まかなコンセプトは、しっかりイメージできたことと思います。ここからの展開は、マーケティングの根幹にかかわる「価値の創造」についてになります。

　結局、市場に受け入れられる事業やサービスは、顧客に価値を見出してもらわなければ始まらないからです。

　競争優位性や差別化といった用語が出てきたことで、価値の創造がいかに大切であるかについては、すでにお気づきでしょう。

　詳しくは、次章にすすんで見ていくことにしましょう。

現場で使える！ Point

STPでの絞り込みによって、顧客との関係性が明確になるのです。

CHAPTER 2

価値の創造って何だろう？

新商品開発のための必須条件

時代とともに求められる商品は変わります。つねに新しい商品を開発する手を休めてはいけないのです。

新商品・新サービスってどうやって作って売り出すのですか？

マス・マーケティングの時代には、標準的なモデル製品を開発すれば、モノ不足が背景にありますから、それなりに長く良く売れました。

企業は、販売促進の方法だけ、すなわち宣伝や広告を主体とした告知活動に邁進していればよかった時代があったわけです。

今日では、競合する商品やサービスがあふれかえっています。

たとえば、コンビニには、多くの人が集まりますが、商品の棚やスペースには限界があります。

売れ行きが芳しくなければ、わずか数週間で、商品そのものが取り扱われなくなるほど、入れ替わりの激しい競争が見てとれます。

新製品を出したからといっても、そう簡単には売れない時代になったのです。

むしろ、新商品、新サービスはなかなか売れない——と考えるべきでしょう。

世の中には、定番商品と呼ばれるロングセラー商品がありますが、長寿命の製品であっても、常に改良が加えられているのが、今日の常識となっています。

たとえば、インスタントラーメンの定番商品でも、スープの味を微妙に変えたり、添付の具材をほんのちょっぴり変えたり、麺の製法を変えてみたり、分量を少し変えたり、価格を変えたり、パッケージデザインを変えたり、包装資材を変えたりと、実に細かいところを微妙に変えているのです。

消費者にいきなり変わったと驚かれないように、ほんの少しずつの慎重な

作業が常に行なわれているのです。

　時代の嗜好や、技術革新、文化的背景、ライフスタイルも少しずつ変わっているのですから、むしろ当然の改良といってよいわけです。

　そして、消費者の反応を絶えず探って、顧客の支持を失わないような努力を続け、ポジショニングを保っているのです。

　コトラーは、マーケティングは変化に対応するものであり、常に変化し続けるものだと喝破していますが、まさしくその通りで、市場は絶えず変化し続けているものだからです。

　そんな激烈な競争環境下において、新たな商品やサービスを提供して、顧客の支持を勝ち取ろうというのですから、新製品開発は大変厳しいものにもなるのです。しかし、失敗を恐れていては進歩はありません。常に顧客のニーズを見極めて、新しい商品開発に臨む他ないのです。

　そうすることで、顧客の信頼を勝ち取り、企業としての存在意義を保たなければならない時代なのです。

今、売れている商品があるからといって、安心していたのでは、競争相手

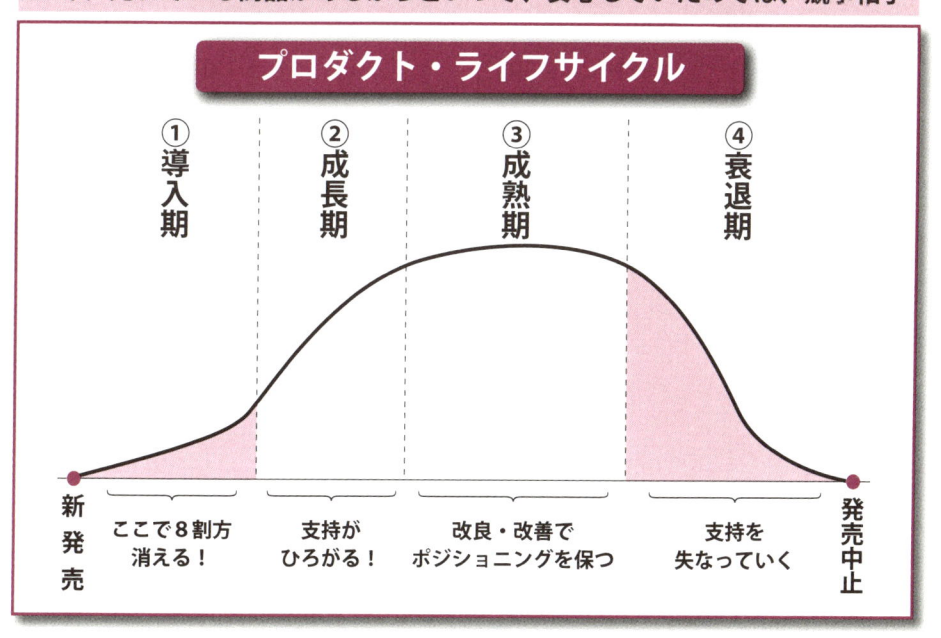

プロダクト・ライフサイクル

① 導入期 ② 成長期 ③ 成熟期 ④ 衰退期

新発売 → ここで8割方消える！ → 支持がひろがる！ → 改良・改善でポジショニングを保つ → 支持を失なっていく → 発売中止

の果敢な攻勢の前に埋没してしまいかねないからなのです。

　コトラーは、製品やサービスにも、寿命があることを「プロダクト・ライフサイクル」と呼んでいます。

　しかし、実は、多くの新製品が、導入期のまま、成長期に至らずに消えてしまっているのが実情なのです。

　それは、顧客のニーズを満たしていなかったり、製品特徴の差別化が十分でなかったり、広告・宣伝などが適切でなかったり、流通チャネルに不備があったりといろいろな原因が考えられるでしょう。

　ゆえに、そんな運命をたどって、多大なコストを無駄にしないためにも、新製品開発にあっては、事前の徹底したマーケティング戦略と戦術が求められるのです。

顧客ニーズの階層化って何ですか？

　コトラーは、顧客ニーズを見極めるにあたって、階層化して見るべきことを提唱しています。

　顧客ニーズは、顧客が言葉に出しているニーズだけを、企業側が信じて、製品開発に臨んでいたのでは失敗しかねない──ということを示唆してくれるモデルにもなっています。

　たとえば、「安いパソコンが欲しい」とお客が言うのは、**「明言されたニーズ」**です。しかし、この言葉の裏には、他にもまだ、お客のニーズが隠されているのです。

　「安くても、できるだけギガ（GB）容量の大きいパソコンが欲しい」といった**「真のニーズ」**です。また、「できるだけ早く配達してくれて、セットアップも、できるだけ安い値段でやって欲しい」という顧客の中で前提になっている**「明言されないニーズ」**もあります。

　そして、「おまけをつけてくれたり、付属品としてプリンターも割引してくれたらうれしいな」という付加価値を期待している**「喜びのニーズ」**もあるの

CHAPTER ② 価値の創造って何だろう？

真のニーズ	……安くても、ギガ（GB）容量ができるだけ大きいパソコンが欲しい。
明言されないニーズ	……早く配達してくれて、セットアップサービスを格安にして欲しい。
喜びのニーズ	……付属品としてプリンターを値引きして欲しいし、何かオマケもほしい。
隠れたニーズ	……「安くてよいパソコンを買ったね！」と家族や友人にほめられたい。

です。また、それだけではありません。

　顧客の側には、買った後でも、家族や友人から「すごくいいパソコンを格安で買ってトクしたんだね、すごいじゃん」などと称賛されたい**「隠れたニーズ」**まであるわけです。読者のみなさんは、テレビ通販の「ジャパネットたかた」が行なっているパソコン販売のプレゼンシーンを観たことがある方も多いと思います。

「ジャパネットたかた」のパソコン販売の仕方は、上記のコトラーが定義した顧客ニーズの階層化のすべてに、巧みに対応していることが、おわかりになるはずです。

「今ご紹介した通り、このお値段で、これだけの容量の大きいパソコンなんですよ。しかもプリンターもお付けしてこのお値段です。ご家庭にお届けして設定までサービスいたします。もちろん、金利・手数料はジャパネット負担です。今すぐお電話ください」と。

　ここまで通販でやられると、街の家電量販店もタジタジになるわけです。

　コトラーは、こうした顧客の行動心理を理解するために、消費者の「刺激と反応」のモデルを考えて掘り下げることも提唱しています。
　消費者の心の中は、ブラックボックスなので、その中でどんな反応が起きているのかは、まことにつかみにくいものとして、それを知る手掛かりとして、「刺激と反応」のモデルを、次のような4つの要因に分けて考えるべき

としたのです。

- 文化的要因……社会的習俗、宗教、モラル、道徳的価値観
- 社会的要因……社会的地位、帰属意識、プライド
- 個人的要因……年齢、職業、収入、性格、趣味、ライフスタイル
- 心理的要因……流行、モチベーション、信念

　こうした要因が、消費者のブラックボックスの中で、どんな反応となって、どのような購買決定に至るのかということまで、見据えておかなければならない──としたわけです。

新製品開発による成功率を高めるにはどうすればよいのですか？

　コトラーは、新製品を開発するにあたって、次のような条件が整っているこ

「思いこみ」だけでは新製品にならない！

社長！ドクダミを原料にしたビールを開発しました！

健康ビールとして売り出したらどうでしょう？

またキミか…

発想がトッピすぎて困るな

CHAPTER ② 価値の創造って何だろう？

とが成功のために必要だと指摘しています。

- 開発する新製品が高品質であること
- 新製品が顧客にとって利用価値が高いこと
- 新製品が新しいブランドとして認識できること
- 新製品のコンセプトが明瞭であること
- 開発にあたる社員と上層部の連携・協力体制が十分であること
- 新製品開発の社内のコンセンサスが十分得られていること
- 市場や顧客を十分把握し、理解していること
- 他社との差別化が図れた優秀な新製品として提供できること

　新製品は、どんなに優れた機能や特徴を有していても、それだけでは決して売れないものです。
　適切な価格かどうか、広告・宣伝の仕方、イベントや口コミなどによる話題性演出の巧拙、最適な流通チャネルが選ばれているかどうかなど、複合的な要因が、成功の鍵を握っています。

　よい新製品が作られ、ターゲットの顧客にその情報が正しく伝わり、継続的に購入してくれるようにならなければ、成功とはいえません。

　こうしたマーケティングが、うまく連携していかないと、せっかくの優秀な新製品であっても、誰にも知られないままに消えていってしまうのです。

　そうした残念な例は、実際よくありますから注意が必要です。

現場で使える! Point

顧客にとって価値ある新商品・新サービスでなければ、市場に受け入れられず、「導入期」に消えてしまう！

新商品の企画立案から商品開発まで

アイデアが、新製品や新サービスとして生まれるまでにはステップがあります！

新製品のアイデアはどうやってつかむのですか？

　一般的には、新製品のアイデアを出すのは、製品開発部や商品企画部といった部署が専門的に担うことが多いでしょう。

　しかし、新製品のアイデアを出すのは、そうした部署に限定するだけでなく、全社員が関心を持って取り組むべき課題でもあります。

　ですから、インセンティブ付きの「提案制度」のような仕組みを作ることも大切だと、コトラーは述べているのです。

　企業に働く全従業員が、顧客に奉仕する製品やサービスを生み出そうという意識に立つことは、前向きな企業風土の醸成にもつながるからです。ゆえに、みんなが関心を持つような土壌づくりこそが望まれるのです。

　また、社内のスタッフだけで知恵を絞るのでは、おのずから生まれるアイデアにも限界があります。コトラーは社外に出て、ひろく顧客を観察する中から、新しいアイデアやヒントをとことん求めるべきだ——とも提唱しています。

　生活用品メーカーの中には、既存製品が使われている顧客の実際の生活シーンに立ち会って、どんな場面で、どんなふうに使われ、それがどんな効用をもたらしているのかを、子細に観察し、データを蓄積しているところもあります。

　既存製品の使い方からも、新しいアイデアやヒントが得られるからなのです。

　もちろん、こうした観察記録や顧客の聞き取り調査だけでなく、官公庁などの公的な統計データの活用も重要です。

　市場動向を定点的な視点でとらえることで、市場の動向がつかめます。

CHAPTER ② 価値の創造って何だろう？

新製品のアイデアは？

専門の部署で
研究 研究 研究

社員全員で
思いついた！提案しよう！

ありとあらゆるところにヒントがある！

街での聞き取りで

訪問観察で
……なるほど

公的なデータで

ありとあらゆるところに、新製品やサービスのアイデアが隠れているからに他なりません。

製品のコンセプトって何ですか?

モノづくりの現場では、「コンセプト（Concept）」という言葉が、よく使われます。直訳すると「概念」という意味になりますが、「概念」とは、「物事の統括的、概括的な意味」──のことです。

もっと簡単に砕いて説明すると、いわゆる「基本理念」や「こだわり」と考えればよいでしょう。

現場では、「コンセプトが今ひとつ伝わらないなあ」などとよく言います。

商品やサービスの開発で大事なのは、そこに込められた「基本理念」や「こだわり」が、商品やサービスそのものを通じて伝わってくるか──ということですから、コンセプトは伝わらなくては意味がないのです。

コトラーは、マーケティングにおけるコンセプトを、**「製品のアイデアが、顧客にもわかりやすい言葉で理解され伝わってくるもの」**と定義しています。

平易な言葉で置き換えられるような明快さが求められている──と言ってもよいでしょう。

製品やサービスの中心をなしている「こだわり」が伝わってこなければ、その他大勢の製品やサービスに埋もれてしまい、差別化もできないからなのです。

存在感の薄い商品では、インパクトがありません。

継続して利用したい商品とはならないのです。

ゆえに、アイデアを集積して生み出そうとしている商品のコンセプトは、非常に大事である──ということなのです。

コトラーは、製品化の前の段階で、コンセプトテストを行なうことの重要性を強調しています。本当に、製品化してもよいものなのか、アイデアがよくまとめられたものなのか、テストをすることで明瞭になるからです。

想定する顧客層の人たちを集めて、製品のコンセプトが理解されるかどうか、

CHAPTER ② 価値の創造って何だろう？

新商品開発にコンセプトは大切だ!!

コンセプトって何ですか？

課長！コンセプトって何ですか？

…それはね

「こだわり」や基本理念のことだけど

平易な言葉で表現されるものだよ

たとえば…

コクがあるけどキレがいいドライ系ビールとか…

甘酸っぱい初恋の味とか…

料亭の味の味噌とか…

…なるほど

ビジュアルなプレゼンテーションを行ない、顧客の反応をテストすべきというわけです。

新製品からの収益が見込めるかどうかを分析する方法は？

　新製品を市場に投入して、採算がとれるかどうか——は重大な問題です。
　開発にかかった費用（研究費・調査費・試作品コストなど）の回収はもちろんのこと、生産活動に乗り出して、売り上げが損益分岐点を超えられなければ、いきおい赤字も膨らみます。
　新製品のおよそ75％〜80％が失敗すると見込まれますから、見込み違いは企業にとっても打撃になります。
　極力、損失を回避するべく慎重であるべきですが、最後は新製品を市場に出してみなければわかりません。
　どんなに緻密なシミュレーション計画を立てて、収支計算を繰り返しても、失敗する確率のほうが高いということを忘れてはならないでしょう。
　次のような項目を再度分析し、チェックを怠ってはならないのです。

- 新製品や新サービスの需要量の予測は十分か？
- 新製品や新サービスの顧客ターゲットは明確になっているか？
- 新製品や新サービスの顧客ニーズは的確につかんでいるか？
- 新製品や新サービスの競合との差別化は十分にできているか？
- 新製品や新サービスのコンセプトは顧客に伝わるものになっているか？
- 新製品や新サービスのビジネスモデルは明確になっているか？
- 新製品や新サービスの採算性は十分なものになっているか？
- 新製品や新サービスの成功可能性は高いものになっているか？

　こうした視点から、もう一度チェックを入れて、採算性を見極めなければいけないのです。

CHAPTER ② 価値の創造って何だろう？

新製品として出せるかどうかのチェックが大切！

- 需要量の予測は？
- ターゲットは明確か？
- ニーズはつかんでいるか？
- 競合との差別化は出来ているか？
- コンセプトは伝わるか？
- ビジネスモデルは明確か？
- 採算性はあるのか？
- 成功の可能性は十分高いのか？

→ 新製品

商品の試作品はどう作り、どう試すのですか?

　コンセプトが明確になり、採算性があると見込めたのならば、実際に商品として市場に送り出す前に、試作品を作ってみることになります。

　実際に売り出すことを前提とした試作品を作り、さまざまなテストを行なって、問題点がないかどうかを確認するためです。

　製造上の問題点がないか——ということでは、部品や原材料の調達段階から、製品組み立てまでのプロセスをチェックしていきます。

　そして、でき上がった商品の耐久性や性能についてもチェックしていきます。

　食品の場合なら、劣化テスト、パッケージの耐久性、賞味期限などもこの段階で精緻にテストを繰り返し、市場に出してから問題がないよう、クリアにしておかなければなりません。

　さらに、実際の顧客の意見や感想もテストしていきます。

　消費者に実際に取り扱ってもらったり、食品なら試食してもらって、美味し

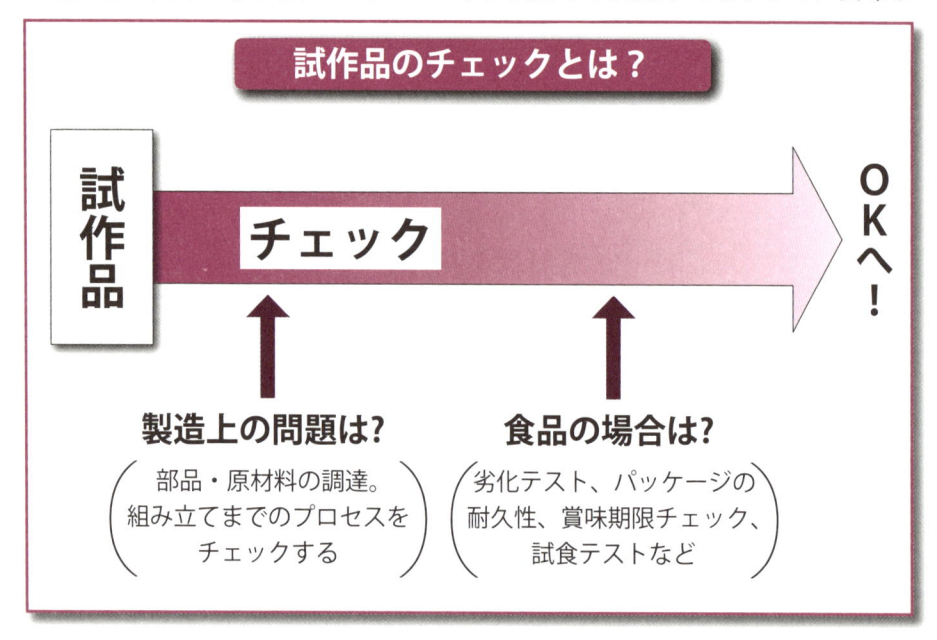

試作品のチェックとは?

試作品 → チェック → OKへ!

製造上の問題は?
（部品・原材料の調達。組み立てまでのプロセスをチェックする）

食品の場合は?
（劣化テスト、パッケージの耐久性、賞味期限チェック、試食テストなど）

いかどうか、また食べたくなるかどうか――など、子細にテストし、検討を加えます。

そして、これなら大丈夫という段階になったところで、テストマーケティングに入っていきます。

テストマーケティングはどう行ないますか？

テストマーケティングとは、市場全体を相手にするのではなく、ごく一部の特定の地域や場所、店舗などを限定して、販売活動を行なってみることをいいます。

たとえば、九州の福岡県なら、福岡県の商圏でのマーケティングを実施してみます。

あるいは、どこかの特定のスーパーなら、そのスーパーのチェーン店の一部店舗だけで実施するといったことになります。

そこで、実際にポジショニングが機能するのか、価格の説得力はあるのか、

テストマーケティングとは？

標準型	コントロール型	シミュレーション型
特定都市限定	特定店舗限定	モニターを追跡

広告・宣伝への市場の反応はどうか、製品の価値はどのように受けとられているか——などを測定するわけです。

マーケティングにおける費用対効果など、収益性などの投資効率も、この段階で具体的に明らかになるでしょう。

コトラーは、テストマーケティングでは、次の３つの方法を取り上げています。

「標準型テストマーケティング」
☞特定の都市限定でありながら、全国展開を想定した模擬マーケティングを行い、消費者の反応を見る方法。

「コントロール型テストマーケティング」
☞特定の店舗内だけに限定したマーケティング活動で、陳列方法や告知方法などを試す方法。モニター客には追跡調査に協力してもらう。

「シミュレーション型テストマーケティング」
☞はじめにモニターを募集しておき、マーケティング活動を行ない、そのモニターがどう反応していくかを段階ごとに追跡調査する方法。

こうした過程で、問題点を改善し、いよいよ実際のマーケティングに入っていくのです。

現場で使える！Point
**新商品のほとんどが消える運命にある！
だからこそ入念なチェックが大切になる！**

CHAPTER ② 価値の創造って何だろう？

商品の価格設定と流通戦略

顧客が効用と満足を感じて、受け入れてくれる価格でなければ淘汰される！

価格はどうやって設定するのがよいのですか？

　コトラーは、「マーケティングの中で収益を上げるものは価格だけで、あとはすべてコストである」と述べています。そのうえで、「価格とは、製品やサービスの対価で、製品やサービスを利用することで得られる便益との交換価値」と定義しています。コトラーは、価格設定で気を付けるべき点は、硬直的な視点で、価格を設定しないこととしています。

　たとえば、よくありがちなのが、かかったコスト（費用）を全部積み上げて、その上に利益額を乗っけて、価格を設定することです。

　こんなずさんな価格設定では、価格競争力がはたらきませんから、市場に埋没してしまいます。

　また、量産効果によっても、コストは低減します。コストだけでなく、マーケティング全体の戦略性から、価格は求められねばなりません。

　製品のプロモーション方法や流通チャネルによっても、価格設定は変わってきます。価格設定は、弾力的にあらゆる視点を用いて決められるべきものなのです。コトラーは、次のような3つのポイントを重視すべきと唱えました。

価格設定と流通チャンネルの選択はクルマの両輪のようなものだよ

なるほど！

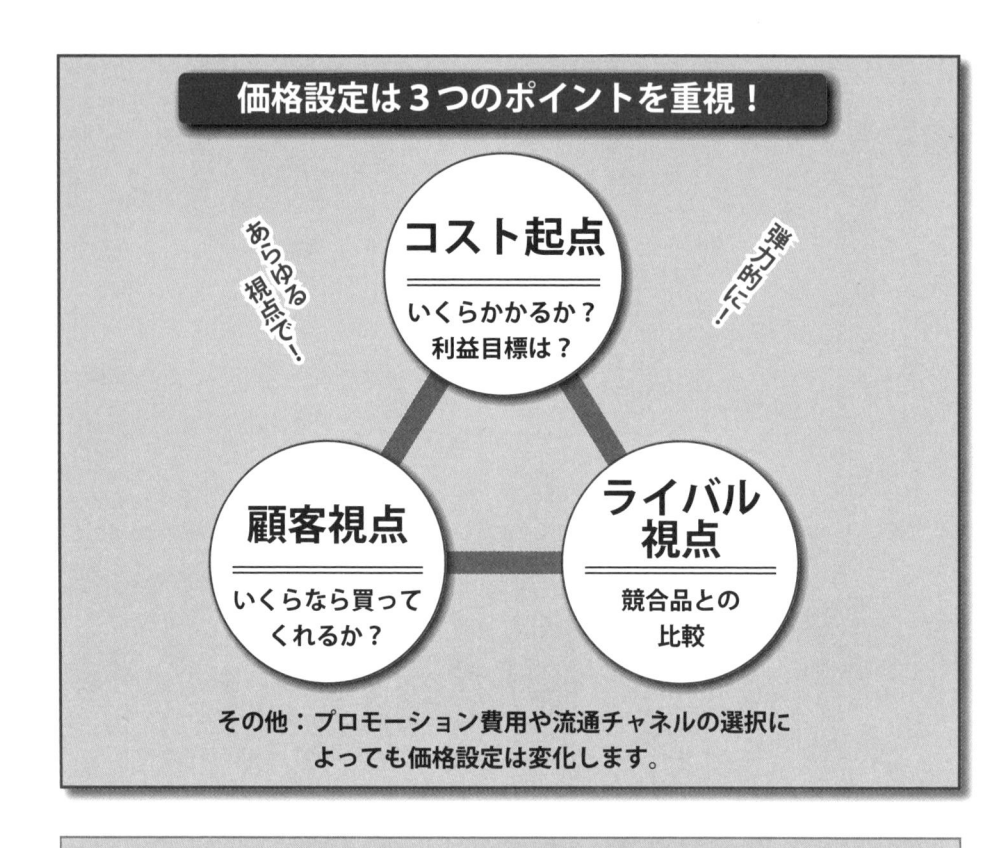

価格設定は3つのポイントを重視！

コスト起点
いくらかかるか？
利益目標は？

あらゆる視点で…

強力なライバル…！

顧客視点
いくらなら買ってくれるか？

ライバル視点
競合品との比較

その他：プロモーション費用や流通チャネルの選択によっても価格設定は変化します。

① コストを起点とする価格設定の方法
（コストの積算・目標利益からの算出・損益分岐計算によるもの）
② 顧客視点からの価格設定の方法
（顧客がいくらの価格なら払ってくれそうかをターゲットリサーチによって算出する）
③ 競争重視の価格設定の方法（市場における他社製品の価格と比較して算出する）

　一般的に、マーケットリーダーの製品やサービスの価格は、市場で最も高く、チャレンジャー企業やフォロワー企業の価格は、それよりも少し低く設定されていることが実感できるでしょう。

> マーケットリーダーは、価格支配権を握っていますから、価格を柔軟に設定できます。市場で安売り競争が起きると消耗戦になりますから、その場合最も優位にあります。体力があるので、最後まで生き残れるわけです。

チャレンジャーやフォロワーは、うかつに安売り競争に持ち込むと、マーケットリーダーに逆襲される恐れがあるというわけです。

ゆえに、ニッチャーは、そうした市場競争に巻き込まれないよう、差別化を強めて独自の価格戦略を行なっているともいえるでしょう。

チャネルの選択ってどんなふうに考えたらよいのですか？

新しく開発した製品を、どのようなルートで市場に届けるか——は非常に重要です。チャネル（販路）の選択によって、どれだけ多くの売り上げが見込めるのか、否か——がかかっているからです。

実際、チャネルの選択を誤ったために、消えて行った新製品は数多あるのです。企業が、消費者に新製品を届ける場合、既存のチャネルがある場合と、全くない場合とでは、対応も大きく異なるでしょう。

既存のチャネルがあれば、その中のどれとどれとを組み合わせるのが最適かなど、選択肢も導きやすいでしょう。

しかし、全く新しい市場への参入ということならば、ゼロベースでチャネルの選択を検討しなければなりません。

> コトラーは、チャネルの選定によって、価格も左右されるといいます。
> さらに、製品とチャネルの相性が合わなければ、マーケティングの整合性が保てず、結局製品が売れずに失敗してしまうとも指摘しています。
> チャネルによって、製品のサイズや容量も変わってくるでしょうし、広告・宣伝の方法も異なるのです。

コトラーは、新しいチャネルを開発するにあたっても、顧客視点を重視しなければならないことを強調しています。企業側の都合で、安易にチャネルを選ぶことのないよう、警鐘を鳴らしているのです。

顧客にとって、その製品が一番受け入れやすいチャネルになっていなければなりません。

スーパーや量販店で購入できればよいのか、あるいは電話やネットでも注文できる形をとるのがよいのか、さもなければ、訪問販売のような組織形態を独自に作るのがよいのか——といった、顧客の立場に立った視点でのメリットを追求すべきということなのです。

説明が必要な商品や高額品なら、スーパーや量販店より、対面販売が行なわれる百貨店のほうが向いているでしょうし、安さを中心に訴求する製品なら、ディスカウントストアがふさわしいことにもなります。

製品の機能、品質、価格、サービスに見合ったチャネルでないと、顧客は納得してくれないのです。

また、卸業者との関係も重要です。どんなチャネルを得意とする卸業者なのかを、見極めたうえで取り扱いを任せないと、自社のコントロールが利かないままに市場でのイメージが異なってくる場合もあるからです。

さらに、どうしても、競合企業の製品と、同じ売り場で製品が並列展示されるのが望ましくないと考えるならば、ネットでの直販体制を構築したほうがよい場合もあるでしょう。

コトラーは、チャネルの選定にあたっての戦略では、次のように考えるべきとヒントを提示してくれています。

「拡大的流通」
☞ 食品や日用雑貨など、消費者に身近な製品の場合は、できるだけ多くの店舗で扱ってもらう戦略をとる。

「排他的流通」
☞ ブランドイメージがともなう車や高額商品の場合は、販路を絞って高級イメージを高める戦略をとる。

「選択的流通」
☞ 家電や家具などは量販店などに集中し、販路を分散させずに集中する戦

> 略をとる。

その他にも、企業自身が、フランチャイザー（加盟店本部）となって、全国からフランチャイジー（加盟店）を募集し、マニュアルを構築して、販売活動をコントロールしていく戦略も考えられます。

このように今日では、さまざまなチャネルがありますから、最適な組み合わせを選ぶことが大切なのです。ちなみに、コトラーは、チャネル選択の判断基準には、次のようなものがあると指摘しています。

> 「経済的基準」
> 　……売上や収益の最大化とコストの最小化が図れることを基準にする。
> 「コントロール基準」
> 　……自社のコントロールの最大化が図れることを基準にする。
> 「適応性基準」
> 　……時代の先進性を備えているかを基準にする。

いずれにしろ、近年では、コンビニや量販店、スーパー、ドラッグストアといった大規模小売組織が主流を占める時代になっています。

こうした流れにあっては、メーカーが主導権を握って、チャネルをコントロールすることは、ますます難しくなってきているのです。

> メーカー自身が、チャネルの主導権を取り戻すためにも、製品力を高めるマーケティングが必要になってくるのです。

現場で使える！Point

価格設定や流通チャネルの選択も
製品開発と同様のむずかしさがある！

プロモーション活動とブランド力の強化

「プロモーション＝販促活動」ととらえるだけでは不十分です。
ブランド化につなげてこそ意味をもちます。

プロモーションってどんな活動のことですか？

　新製品や新サービスを販売するにあたって、プロモーション活動は欠かすことのできないものです。製品やサービスを市場に送り出すだけでは、顧客に気づいてもらえないかもしれず、製品やサービスの認知度を上げて、顧客を作らなければならないからです。
　しかも、1回だけの購入と利用で終わってしまったのでははじまりません。顧客に何度も購入してくれるリピーターになってもらわなくては、顧客にとっての価値や利便性のある商品になったとはいえないでしょう。

　コトラーは、プロモーションとは、単に製品を売るためだけの販売促進活動のことではない——と明言しています。
　すなわち、プロモーションとは、製品や企業の認知度を上げ、価値を認めてもらい、ブランド力を強化するもの——と定義しているのです。

　コトラーは、まずプロモーションの目的を明確にすることが大切であり、プロモーションの内容を次のように分類しています。

- 新製品や新サービスの告知活動
　……新製品や新サービスを広く知ってもらう行動をすること。
- 売上の向上を図る活動
　……顧客にまず買ってもらうための行動をすること。
- 新規の顧客獲得活動

……顧客にリピーターになってもらうための行動をすること。
- 既存顧客の満足度向上の活動
……既存の顧客も取り込みリピーターになってもらうための行動をすること。
- 企業イメージの向上活動
……企業への信頼感、望ましいイメージを構築してもらうための行動をすること。
- ブランドイメージ向上の活動
……商品や企業への顧客のブランドイメージを構築するための行動をすること。
- 製品のリニューアル告知活動
……既存製品の改良や改善の告知と購入促進の行動をすること。

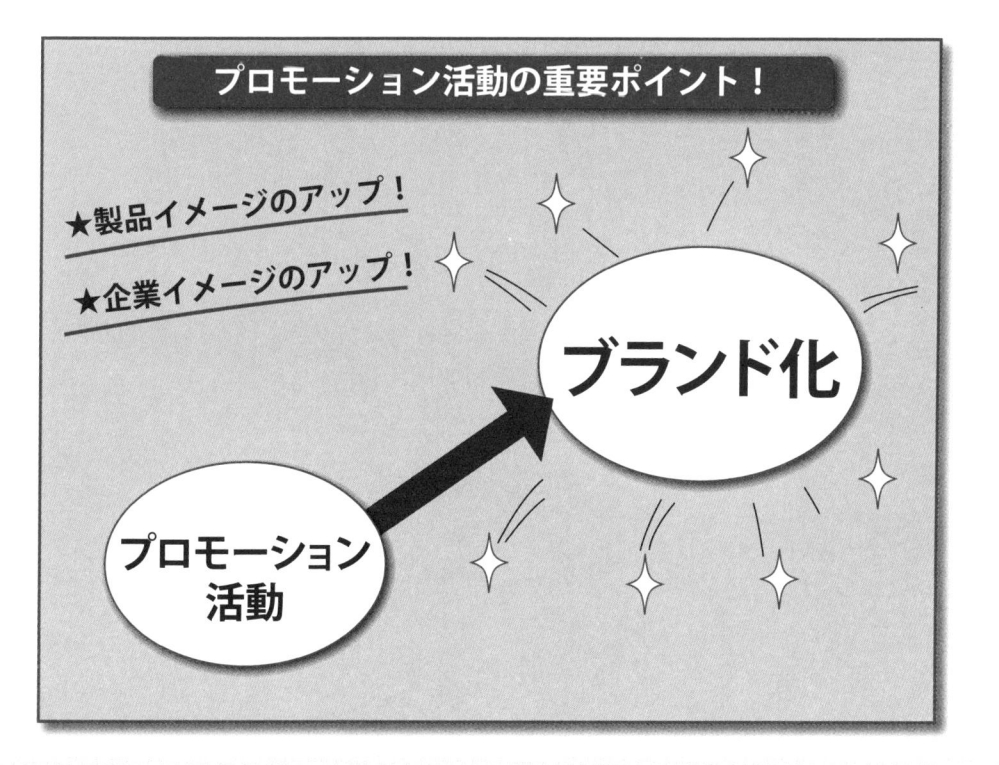

プロモーション活動の重要ポイント！

★製品イメージのアップ！

★企業イメージのアップ！

プロモーション活動 → ブランド化

では、上記の目的を達成するために、どのような手段を用いていくのかを、順を追って見ていきましょう。

① 広告

　広告には、テレビやラジオのコマーシャル、新聞、雑誌、インターネットなどがありますが、近年はテレビや新聞・雑誌も、その広告効果は落ちてきているといわれます。その理由は、テレビの場合、テレビを見る人が減ってきていることに加え、ビデオ録画されてあとから視聴する際には、コマーシャルをカットされてしまうという問題があります。

　ラジオの場合も聴取者そのものが減ってきているのは、テレビと同様ですが、トラックやタクシーの運転手さんや、大工さん、ペンキ屋さんといった現場職人さん、自宅などで仕事をする職人さんといった昔からのヘビーユーザーがコアな聴取者といわれています。

　新聞や雑誌といった媒体も、近年読者数が減ってきているという問題が挙げられるでしょう。

　代わって、若い世代を中心に伸びてきた媒体に、インターネットの存在があります。

> 　ネットの場合、検索連動広告などで、ターゲット層を絞り込んで広告が打て、広告を見てくれた人の属性がリサーチできるといったメリットがあるうえ、テレビや新聞などのマスメディアよりも料金が安いという特徴があります。

② 販促

　販売促進の方法には、いろいろあります。

　特定の売り場で派手なのぼりを立てて人目を引いたり、店頭でサンプルを配布したり、割引券を配ったりといった人海戦術から、卸業者や小売店にリベートを支払うなどのインセンティブを提供することです。

　購入客向けにも、オマケをつけたり、クイズキャンペーンなどを行なうとい

った手法がすぐにも思い浮かぶでしょう。

 とにかく認知度を上げて、「この際試しに購入してみよう」と顧客に思ってもらわなければはじまりません。
 即効的に売上アップに直結させることが求められるのです。

 いつまでも続けていたのでは、飽きられてしまいますから、期限を定めて注目度を上げることが主眼になります。

③ 広　報

　広報活動とは、マスメディアを通じて、自社の製品やサービスを好意的に紹介してもらうことです。

 広報担当者は、自社の新製品や新サービス、イベントなどをニュースレターにしたためて、マスメディアに向けて発信し、記事に取り上げてもらうべくはたらきかけます。マスメディアが記事にするかどうかは、当該メディア次第ですが、メディア自身が記事として取り上げた内容は、視聴者や読者にとって、告知度も信憑性も高いので、広告以上の効果が期待できます。

 広報担当者は、そのために日頃から何かとメディア担当者と顔なじみになっていたほうが有利となります。

 そのため、大手企業の広報担当者はメディア向けに懇親パーティや接待、プレゼントなどを欠かさないなどの人脈作りに励んでいます。もちろん、タチの悪い大手マスメディアのタカリ記者のカモにならないよう気をつけなければいけないのは、言うまでもありません。

④ ダイレクト・マーケティング

　企業が自社製品を、直接顧客に販売する活動をダイレクト・マーケティングといいます。

 テレビやラジオ、新聞・雑誌を通じて広告し、企業が直接電話やハガキ、ネットを通じて注文を受け付け、顧客に届ける形態です。一度利用してくれた顧客には、その後も随時購入を呼び掛けるべくさまざまな働きかけを行ないます。

> 企業にとっては、直接注文をくれた消費者は、極めて重要なお客です。

顧客リストに載せて、どのぐらいの頻度で注文をくれるのか、どんな商品に興味を持ってくれているのか、常にその反応を記録し、分析して、カテゴリー分類するなどしています。

> マスメディアを通じて、新規の顧客を獲得するためのコストより、顧客リストに基づいての販促活動のほうが、はるかにコストが安くてすむからに他なりません。

⑤ 「プロモーション・ミックス」とプロモーションコスト

プロモーションにはいろいろな形態があるわけですが、どれとどれを組み合わせて、最適なプロモーションとするかを考えることを**「プロモーション・ミックス」**と呼んでいます。一般に、プロモーションの対象は、市場にいる顧客をイメージしがちですが、企業にとっては、卸業者や小売店なども、自社の商品を仕入れてくれる大事なお得意さんになります。

> 消費者に対して行なうプロモーションは、商品を購入してもらうための活動ですが、こうした卸業者や小売店に対して行なうプロモーションは、自社商品を他社商品よりも有利に取り扱ってもらえるようにするプロモーションになります。

近年では、大規模小売組織が全国に広がり、いわゆる大量仕入れ方式によるバイイングパワーがモノを言う仕組みになっています。

企業は、商品の大幅な仕入れ値のダウンを要求され、リベートや大量のオマケやサンプル、挙げ句は販売現場への販売要員の派遣までも要求される時代になっています。こうした背景から、企業は利益を圧縮され、コストが膨らむジレンマにもさらされているのです。

また、大資本のナショナルメーカーであるほど、直販ルートを広げようと思っても、そうはいきません。なにしろ、既存の小売業者と競合することは避けなければならないでしょう。既存の取引先からの反発が予想されますから、安易な選択は取れないのです。

こうしたことから、ネット直販で成功している企業の顔ぶれは、はじめからネットで起業したところが多いのです。

マーケティング活動は、このように常に時代の変化とともに、さまざまな試練や課題に直面するわけです。今日ほど、サバイバル競争にさらされている時代は、かつてはなかったものでしょう。

したがって、必然的にプロモーションコストも増大していかざるをえないのです。しかし、**コトラーは、この「プロモーションコスト」については、最適な決め方はない——としています。**

つまり、プロモーションコストは、毎回その内容も異なり、企画内容によって、販売実績も大幅に変動するからです。

予測された総収入からコストを算出するといっても、その総収入自体が、不明確なのですから、勘と経験に頼るよりないともいえるでしょう。

このへんのさじ加減は、マーケティングの中でも、もっとも難しい部類に入るのです。

こんな広告代理店には気をつけよう！

現場で使える！ Point

せっかく世に送り出した新商品ゆえに、
価値を生むプロモーションが大切に！

ブランドの確立とその特長

商品やサービスは、ブランドとしての価値をもたないと、市場で生き残れなくなっています。

ブランドってどうすれば作ることができるんですか？

　読者のみなさんは、「ブランド」と聞いて何を思い浮かべますか。
　「シャネル」「ルイヴィトン」「グッチ」「ロレックス」「ベンツ」「フェラーリ」といった富裕層に人気の高級ブランド名でしょうか。
　それとも「コカコーラ」「カルピス」「ソニー」「アイフォン」「ユニクロ」といった日常的に親しまれて普及する、大衆にも人気のブランド名でしょうか。

　コトラーは、ブランドとは、「メーカーや販売者を識別する言葉や記号、シンボルやデザインを組み合わせたもので、他のものと明確に識別させる付加価値を与えるもの」と定義しています。

　そして、ブランドには、次の3つの役割があるとしています。

① 自社商品を他社商品や類似商品から識別する役割
② 顧客との約束を果たし、品質を保証する役割
③ 商品に意味を与え、それを象徴する役割

　コトラーの著書『コトラーのマーケティング・コンセプト（東洋経済新報社刊）』によれば、「今日のビジネス界が直面している中心問題は、商品の不足ではなく、顧客の不足である。すべての企業が、10％の売上増を目指したにも関わらず、市場全体の成長率が3％であれば、過剰生産という結果になる。続いて、この過剰生産がハイパーコンペティションをもたらす。競合各社は、何と

CHAPTER ② 価値の創造って何だろう？

しても顧客を引き寄せようと、価格引き下げや景品の付加に走る。この手の戦略は、最終的に利ザヤの縮小や利益の減少につながり、企業倒産を招いたり、合併、買収を加速させたりすることになる」と指摘しています。

そして、**価格に頼ることなく競争するにはどうすればよいかを教えてくれるものこそがマーケティングであり、中でも、ブランドの位置づけにおいて「優れたブランドは、平均以上の収益を継続的に確保するための唯一の手段である」**と述べているのです。

近年、ブランドは商標登録されるにとどまらず、**「ブランド・エクイティ」**と呼ばれ、企業買収の際の無形の資産価値として会計上の評価が行なわれるまでになっています。いわゆる「のれん代」としての金額換算が認められているのです。日本でも、アイスクリーム、豆腐、肉や野菜といった普通名称で語られていた分野にも、近年はブランド志向が盛んに試みられているのを、お気づきだったでしょうか。

アイスクリームでは、高級品の代名詞としての「ハーゲンダッツ」がゆるぎない地位を占めていますが、贈答品では銀座千疋屋の「銀座プレミアムアイス」が健闘して高級アイスクリーム市場で支持を広げています。

豆腐業界では、スーパーの安売り競争から脱却すべく、出荷後に水が切れていく「男前豆腐」や、豆乳を充填して濃厚な味の「風に吹かれて豆腐屋ジョニー」などを生産する男前豆腐店がヒットを飛ばし、ブランド化に成功しています。

肉類では、山形県酒田市の「平田牧場」の三元豚（3品種混合）が「平牧三元豚（ひらぼくさんげんとん）」として人気ブランドになっています。

野菜においても、さまざまな地名や生産者を明示して、ブランド化のラッシュが続いているのはご承知の通りです。

コトラーは、ブランド名をつける際の注意点をいくつか挙げています。

- 製品のベネフィット（特徴・メリット・品質）を想起させるか？
- 発音しやすく、覚えやすいか？
- 印象に残りやすいインパクトはあるか？

- 英語で表記・翻訳できるか？（「カルピス」は亀の肉、「ポカリ・スエット」はスエットが汗を連想させるので外国ではそのまま使いにくい）
- 商標登録できるか？（既に登録されたもの・類似のもの・普通名称は不可）

さて、ひとくちにブランドといっても、いくつかの分類があります。

① ナショナルブランド（NB）

メーカー名や商品名を表したものになりますが、ただの名称レベルにとどまっているものが、ほとんどというのが実態です。名称として他社と識別できるという程度では駄目で、何らかの好ましいイメージが想起され、信頼に足るものでなくてはブランドと言えません。「コカコーラ」といえば「スカッと爽やか・おいしい・世界中で愛されている」とか、「ユニクロ」といえば「高品質・高機能・カラフルなデザイン・お手軽価格・SPA（製造小売）」といった具合です。

② プライベートブランド（PB）

スーパーや量販店が、特定メーカーに製造を委託し、自社ブランドとして自社だけのチャネルで、安価に販売するブランドのことです。NBより価格が安いので、デフレの日本では人気ですが、安かろう悪かろうのイメージがつくと顧客離れが起きてしまい、小売店の安易な姿勢をイメージさせかねません。

また、陳列棚がPBだらけになると、顧客の買い物時における商品選択の楽しささえも奪ってしまいます。

ところで、PBといえば、NBより安いという常識は、近年覆されつつあります。中にはNBを超える価格帯の〝高給PB〟が登場しているのです。

セブンイレブンの「ゴールド」、ローソンの「デリシャス」、スーパー最大手のイオンは、10年以上前からあった「トップバリューセレクト」を強化しています。価格でNBを超えるだけあって、品質面でもNBの上を行くラインアッ

「ブランド・ジャパン2012」のTOP20ランキング

《(株)日経BPコンサルティングが2013年3月に発表したランキングより抜粋》

順位	ブランド コンシューマ市場（B to C）編 （消費者による評価）	順位	企業ブランド ビジネス市場（B to B）編 （ビジネスパーソンによる評価）
1	Apple　アップル	1	TOYOTA　トヨタ自動車
2	Google　グーグル	2	Apple　アップル
3	UNICLO　ユニクロ	3	Panasonic　パナソニック
4	You Tubu　ユーチューブ	4	HONDA　本田技研工業
5	Disney　ディズニー	5	SONY　ソニー
6	McDonald's　マクドナルド	6	OLC　オリエンタルランド
7	Panasonic　パナソニック	7	Google　グーグル
8	NISSIN　日清食品	8	NISSAN　日産自動車
9	Daiso　ダイソー	9	Soft Bank　ソフトバンク
10	Rakuten　楽天市場	10	Nintendo　任天堂
11	SUNTORY　サントリー	11	ヤマト運輸
12	STUDIO GHIBLI　スタジオジブリ	12	McDonald's　マクドナルド
13	Windows　ウィンドウズ	13	SUNTORY　サントリー
14	CUP NOODLE　カップヌードル	14	Asahi　アサヒビール
15	iPad　アイパッド	15	ジャパネットたかた
16	OLC　オリエンタルランド	16	ソフトバンクモバイル
17	Coca-Cola　コカコーラ	17	NISSIN　日清食品
18	iPod　アイポッド	18	KIRN　キリンビール
19	Calbee　カルビー	19	Microsoft　マイクロソフト
20	SONY　ソニー	20	Canon　キヤノン

プなのです。当然ですが、高給PBが売れるほどにNBメーカーは危機感を募らせています。

③ ライセンスブランド（LB）

　ブランドをもつ企業が、他社に自社のブランドロゴを貸して、ライセンス収入を得るのがビジネスモデルです。たとえば、イタリアの有名ブランドから日本メーカーがブランドの使用許諾を得ると、そのブランドを名乗って生産・販売することができます。ブランドを貸した企業は、ブランド価値を落とされては困りますから、品質管理や販売方法、生産量などに細かい契約を課しているのがふつうです。ディズニーやサンリオが、自社のキャラクター使用の許諾権を与える場合も、同様にライセンスブランド契約といえます。

　また、飲食業界などのフランチャイズ契約もライセンスブランド戦略と言えます。

　店名、ロゴなどの商標、サービスマークの付与、店舗デザイン、メニュー、厨房設備などを統一して、「オイシイ・安心・メニューが豊富・お手軽料金」などのブランド価値を提供するわけです。

④ 共同ブランド

　共同ブランドとは、複数の企業が、それぞれの自社ブランドをお互いが使ってビジネスを行なう、コラボレーション効果を狙ったブランド戦略です。

　両社でまったく新しいブランドを立ち上げる場合もあります。まったく肌合いの違う企業同士が組んでも違和感が生じますので、なかなかブランド価値を生かすのが難しいブランド戦略でもあります。

現場で使える！Point

ブランドが確立されると、平均以上の収益が継続的に確保できるようになる！

CHAPTER 3

サービス・マーケティングについて考えよう

無形の存在である「サービス」の原点

「サービス」とは具体的な形がなく、顧客一人一人に対する無形の効用を提供するものです。

サービス・マーケティングって何ですか？

サービス・マーケティングとは、サービス業におけるマーケティングのことです。サービスとは、売買した後にモノが残らず、効用や満足などを目的とする無形商品のことです。本書の第1章、第2章で扱ってきたマーケティングは、主に具体的な形のあるモノについてのマーケティングでしたが、ここからは、それに加えて、サービスという無形の概念のマーケティングについて、紹介していきます。まず、はじめにサービス業とは、何でしょうか。

広義に言えば、第3次産業に分類される業種がすべて当てはまります。

日本の産業構造の変化

15歳以上就業者数の割合(%)			
年次	第1次	第2次	第3次
1920(T9)	53.8	20.5	23.7
1940(S15)	44.3	26.0	29.0
1950(S25)	48.5	21.8	29.6
1960(S35)	32.7	29.1	38.2
1970(S45)	19.3	34.0	46.6
1990(H2)	7.1	33.3	59.0
2010(H22)	4.0	24.8	70.2

GDP構成比で見た割合(%)			
年次	第1次	第2次	第3次
1955(S30)	19.2	33.7	47.0
1965(S40)	9.5	40.1	50.3
1975(S50)	5.3	38.8	55.9
1985(S60)	3.1	32.6	64.2
1995(H7)	1.8	30.2	68.0
2005(H17)	1.5	26.8	71.7
2009(H21)	1.4	24.3	74.3

CHAPTER ③　サービス・マーケティングについて考えよう

　ちなみに、**第1次産業**とは、農業・林業・水産業・牧畜業など、自然に働きかける産業をいいます。**第2次産業**とは、自然物を取り出す鉱業および鉱産物、農林水産物を加工する工業全般をいいます。そして、**第3次産業**は、商業・運輸・通信・電力・ガス・サービス業など、1次、2次産業以外のすべての産業をいいます（古典的分類では、鉱業は第1次に、電力・ガスは第2次に含まれていましたが、今日の日本標準産業分類では、鉱業は第2次、電力・ガスは第3次に分類されています）。

　今日、先進国では、第3次産業のGDPに占める割合は、非常に高くなっており、日本では7割を占めるまでに至っています。

　したがって、サービスのマーケティングを考えずして、マーケティングは成立しないのです。

　ところで、読者のみなさんが、第3次産業の中でも、とりわけ「サービス業」として、すぐに思い浮かべる業種にはどんなものがあるでしょうか。

　情報（放送・新聞・雑誌・書籍）、通信（電話・インターネット関連）、金融（銀行・証券・保険）、旅行、人材派遣、飲食、旅館・ホテル、遊園地、医療機関、警備、教育、興業、政治………といったところでしょうか。

　先に、サービスとは、売買した後にモノが残らない無形の商品と述べましたが、情報産業の新聞・雑誌・書籍などは、読んだあとにも、紙の印刷物という有形のモノは残ります。

　印刷物というモノの販売に結びついた形で「情報」という、目に見えない便益や満足というものがあるわけです。

　「印刷物」はハードですが、「情報」というソフトに、私たちは代金を支払っていること、これが「サービス産業」を構成している概念だということです。

　コトラーは、サービス・マーケティングの特徴を4つに分類しています。

① 無形性

　サービスは、購入前には形がありませんから、事前に効用や満足が実感しにくいものだと指摘しています。

「○×新聞」という昔からある有名な印刷物だとしても、その有形性が中身を保証するとは限りません。実際に読んでみないと、満足できる記事内容かどうかは、わからないのです。旅館やホテルは、立派な外観があれば、高級で優れたサービスも期待できそうですが、やはりこれも、実際に宿泊してみないとサービスの質はわからないものです。

　昔から有名な「○×新聞」という印刷物としての有形性、立派な外観という旅館やホテルの有形性は、サービスの中に占める有形性と無形性の比重の違いでしかありません。弁護士や税理士といった資格保持者のサービスに至っては、事務所の外観といった有形性以上に、サービスの質がモノを言うでしょう。それだけ、無形性の比重が高いサービス業になっているわけです。

　したがって、たとえ、目に見えるモノはあっても、サービスそのものの本質は見えていないのです。

② 同時性・不可分性

　サービスは、売買の先にも後にも、形がありません。

　一般の商品の場合、たとえば、アイスクリームは工場で作られ、店頭で購入されます。しかし、家で食べる時には、アイスクリームそのものとして存在するだけです。アイスクリームを食べる時には、もはや食べる人にとって、製造工程も流通ルートも販売現場も関係なく、アイスクリームとしてのモノが存在するだけです。

　しかし、レストランでアイスクリームを食べる時には、その店がどんな接客をして、どんな作り方をして、どんな器に盛られるか、どんな雰囲気でアイスクリームを食べられるのか──ということが、サービスそのものとして重視されるでしょう。サービスという無形性の商品は、製造も加工も提供も、同時性をもって行なわれている──ということがわかります。

　サービスは、生産と同時に消費されていくものなのです。

CHAPTER ③ サービス・マーケティングについて考えよう

サービス・マーケティングの４つの特徴

① 無形性

この新聞は解説記事がくわしくていいな

※サービスは形がない！

② 同時性・不可分性

おまたせ致しました！

わっ おいしそう！

③ 異質性・変動性

お届け物です 渋滞で遅れてしまいました

待ってたよ！

④ 消滅性

お客がいないと腕がふるえない！

お手上げだ

③　異質性・変動制

　サービスの質は、均質ではありません。常に変動せざるを得ないものです。なぜなら、レストランの従業員には、ベテランもいれば新人もいます。しかも人間ですから、体調の良い時もあれば、気分の優れない時もあるでしょう。常に「お客様第一」を心がけているつもりでも、お客様対応でのサービスの質を保ち続けることは難しいのです。

　また、お客さんの感じ方によっても、サービスの質は、変わります。期待値の高いお客さんの要求水準は高いでしょうし、期待値が低ければ、十分満足してくれる場合もあります。

　その他にも、運輸サービスでは、道路事情によっては、配達時刻が遅れることがあります。さらに、政治においても、有権者に約束したマニフェストを議員が守るとは限りません。官僚に籠絡（ろうらく）されて、約束してもいなかった増税路線をひた走る場合だってあるのです。このように、教育でも行政でも、サービスの均質性は保証されないものなのです。

④　消滅性

　サービスは無形なので、在庫として保存しておくことはできません。

　前述の「同時性」と関連しますが、サービスはその場で消えていくものです。

　レストランの接客しかり、学校や塾の授業しかり、理美容サービスもしかりです。お客さんが来なければ、レストランの食事を前もって作り保管するわけにはいきません。生徒がいなければ授業も成り立たなければ、お客さんが来なければ、床屋さんも美容師さんもお手上げというわけなのです。

品質を重視することが顧客満足度アップになる

　コトラーは、こうしたサービスにおいて、モノのマーケティング同様、「ワランティー」をつけることの重要性を指摘しています。

サービス・マーケティングにおける品質保証の例

ワランティーとは？

早い! 安い! うまい!

スマイル **0** 円

← ステートメント提示！

1年間無償修理

鑑定書

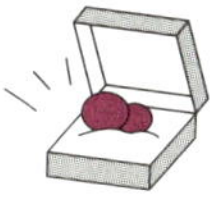

ギャランティーとは？

《サービス宣言》
万一、サービスに不備があった場合は、代金を割引させていただきます！

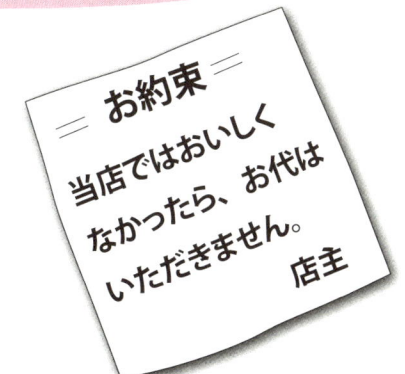

=お約束=
当店ではおいしくなかったら、お代はいただきません。
店主

「ワランティー」とは品質保証を意味します。

　たとえば、家電製品には保証書を付けて、通常1年間の無償修理が謳われています。

　また、宝石や古美術品には、品質を保証すべく鑑定書を付けたりしています。

　これがワランティーですが、サービス業の場合には、マクドナルドのように「スマイル0円」と銘打って、スタッフの笑顔での接客をアピールするのでもよいでしょう。あるいは、牛丼の吉野家のように「早い・安い・うまい」などというステートメントで、顧客に何を保証するかのメッセージにするのでもよいのです。

コトラーは、こういう姿勢が、サービス産業にも必要だと説いているのです。

　さらに、コトラーは、もっとすすんだ取り組みとして「ギャランティー」をつけることも、顧客の信頼を勝ち取るうえで重要な戦略になると強調しています。

　「ギャランティー」とは、「ワランティー」よりも厳しい「返金保証」や「返品保証」を謳うことです。

コトラーは、これがサービスの質向上に直結する効果が高いとしています。

　すなわち、「美味しくなかったら全額返金します！」「サービスに不備がありましたらお知らせください。飲食料金を割引させていただきます」などです。

　コトラーは、サービス・マーケティングを次のように分類しています。

① 「エクスターナル・マーケティング（External Marketing）」
　　企業が顧客に向けて、通常行なっているマーケティングのことです。
② 「インターナル・マーケティング（Internal Marketing）」
　　企業内の接客に従事するスタッフ（CP＝Contact Personal）に対するマーケティングのことです。従業員満足度アップが接客の質向上につながるからです。
③ 「インタラクティブ・マーケティング（Interactive Marketing）」接客に従事するスタッフと顧客間のマーケティングのことです。

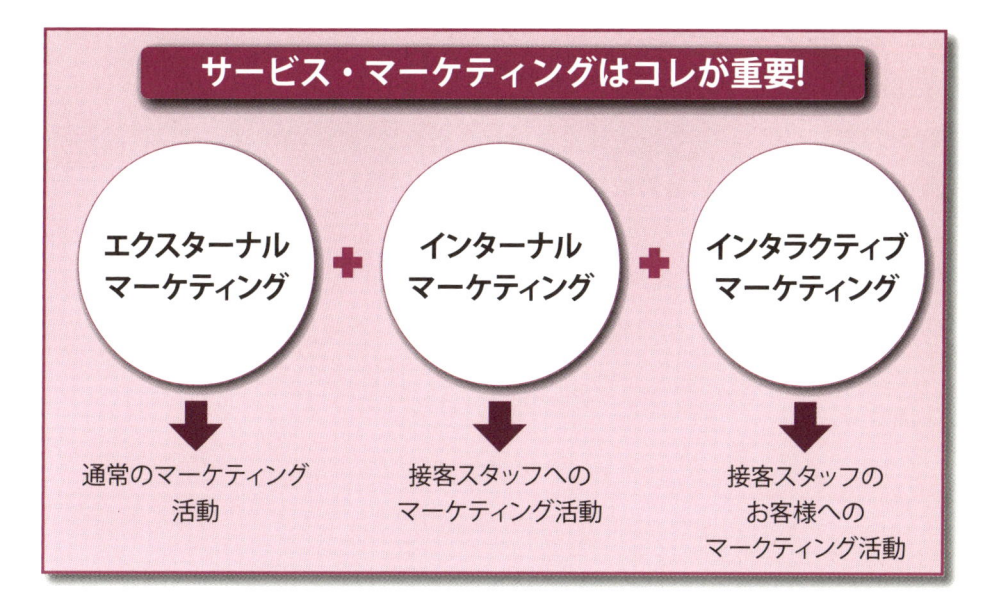

サービス・マーケティングはコレが重要!

エクスターナル
マーケティング
＋
インターナル
マーケティング
＋
インタラクティブ
マーケティング

↓
通常のマーケティング活動

↓
接客スタッフへのマーケティング活動

↓
接客スタッフのお客様へのマーケティング活動

　他にも、「**サーバクション・フレームワーク**」や「**サービス劇場型アプローチ**」などといった構造的なとらえ方もあります。

「サーバクション・フレームワーク」のサーバクション（Servuction）とは、サービス・プロダクション・システム（Service Production System）の略語です。
　顧客にとって、見える部分と見えない部分を分けて考えるサービス・マーケティングで、顧客が見ることのできる店舗内の設備や従業員、他の顧客といったスペースと、顧客が見ることのできない厨房や在庫保管などのバックヤードのスペースへの一連のリソースのことを言うのです。

　施設や調度品が、古びて不潔だと、お客はそれだけで不快になります。
　飲食店では、わざと厨房スペースを「見える化」することで、清潔な空間で新鮮な素材を使って、てきぱき仕事をするスタッフの姿を見せているところもあります。
　鉄板焼きの店では、お客の目の前で、良質な肉を焼き上げてみせたりします。大きな寿司店やスーパーでは、マグロの解体ショーを見せるところもありま

す。

「**サービス劇場型アプローチ**」というのは、劇場空間のように、役者と観客、舞台装置、上演といった構成要素を、サービスの中に付加して、顧客の効用や満足度を上げようとする方法論になります。

従業員がお祭り衣装や、はっぴ姿で太鼓を鳴らして、祭り気分を演出したり、お客を「囚人」に擬して、鉄格子の装飾を凝らした個室でサービスする居酒屋、お化けが代わる代わるお客の席を回って歩く店、マジックショーを見せる店などもあります。

なぜ「インターナル・マーケティング」は必要なんですか?

コトラーは、こうした考えの中で、とりわけ重要な要素として、「インターナル・マーケティング」を重視すべきと指摘しています。

「インターナル・マーケティング」とは、顧客と接する従業員(CP＝コンタクトスタッフ)へのマーケティングのことです。

彼らのモチベーションが上がらなければ、顧客サービスの質を上げることができないからです。

顧客に接する彼らスタッフが、自社に所属して働くことに満足していなければ、どれだけ施設や設備、さまざまな商品やサービスにお金をかけても、顧客に喜んでもらえるような本当のサービスとはならないからです。

近年、デフレ不況が続く中、人件費を切り詰めることに腐心した飲食店チェーンの中には、従業員に残業代を支払わない企業がままあることが、マスメディアを通じて明らかにされてきました。

何の権限も持たせていないのに、従業員を店長職に祭り上げ、店長は管理職だから、残業代を支払わないという「名ばかり店長」の問題や、従業員に残業代を払わず「サービス残業」を強要し、過労死や自殺者まで輩出するブラック企業ぶりが問題視されるようになったのです。

こうした経営手法の企業からは、いくら高邁な理念やステートメントが語ら

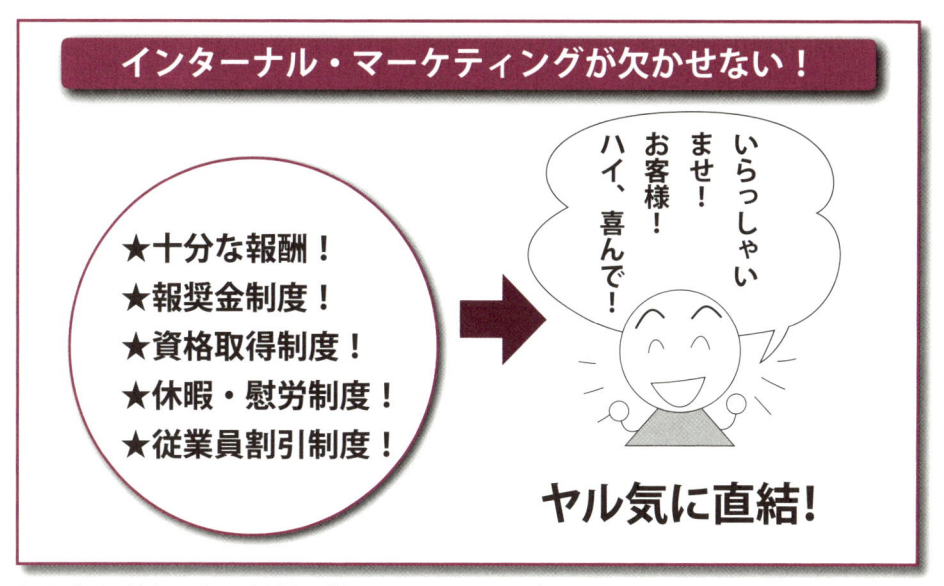

インターナル・マーケティングが欠かせない！

★十分な報酬！
★報奨金制度！
★資格取得制度！
★休暇・慰労制度！
★従業員割引制度！

→ 「いらっしゃいませ！お客様！ハイ、喜んで！」

ヤル気に直結！

れようが顧客からの信頼は得られないでしょう。

　企業への従業員のロイヤリティーが育めないどころか、肝心の顧客からの支持までを失ってしまうからです。

> 　コトラーは、従業員に十分な報酬を支払うだけでなく、適切な権限の委譲、資格取得支援制度や報奨金、従業員割引制度、各種の報奨イベントや慰労の仕組みを構築することで、従業員ロイヤリティーを高めることの大切さを説いています。

　従業員が誇りを持って働ける職場にすることこそが、重要だということなのです。こうした企業のはたらきかけがあった上に、企業が従業員教育を行なうことで、サービスの質も高まってくると考えられるからです。

> 「インタラクティブ・マーケティング」は、「インターナル・マーケティング」があってはじめて、実現されるということなのです。

　また、従業員教育だけでなく「顧客教育」という視点でも、サービス・マーケティングは考えられていなければなりません。

　静謐（せいひつ）な環境を売りにしているレストランに、大騒ぎする客がいたのでは、せっかくのサービスも台無しになってしまいます。

演劇や映画、コンサート会場では、開演の前に必ず、携帯電源をOFFにすることが求められます。

これは、直接的な「顧客教育」による顧客コントロールに該当します。

コトラーは、顧客間の相互作用によっても、サービスの質が上がったり、下がったりすることにも注意を払うべきとしています。

第1章でも触れましたが、「デ・マーケティング」の考え方です。

高級レストランや、コンサートなどで、小学生以下の子供の入場を制限するなどの間接的な「顧客教育」によって、顧客をコントロールする必要性を挙げているのです。

> コトラーは、従来のマーケティング・ミックスの4Pである「製品（Product）」「価格（Price）」「プロモーション（Promotion）」「流通（Place）」に加えて、サービス・マーケティング・ミックスとして、「参加者（participants）」「物的な環境（Physical Evidence）」、サービスの組み立ての「プロセス（Proces of Service Assembly）」の3つのPを加えた7Pで、サービス・マーケティングの戦略を組み立てることが重要としています。

「参加者」とは、文字通り、従業員のクオリティのことです。

顧客教育によるコントロールも必要！

お客様、申し訳ございませんが、携帯の使用はご遠慮いただいております

あ！

ス、スイマセンき、切ります！

「物的な環境」とは、サービス空間、装飾やデザイン、従業員のユニフォームといったもののことです。
「プロセス」とは、商品やサービスの提供フローであり、提供の仕方などです。
　ある居酒屋店に、この7Pを当てはめてみましょう。

> **Product**
> 　☞焼き物・煮物・生ものの惣菜メニュー、ドリンク類各種。
> **Price**
> 　☞単品300〜450円、客単価2400円。
> **Promotion**
> 　☞駅前での呼び込み・ドリンク無料券配布など。
> **Place**
> 　☞駅に近い繁華街、通勤・通学客が多く通る場所。
> **Participants**
> 　☞日本語の上手な中国人留学生および日本人大学生アルバイト。
> **Physical Evidence**
> 　☞古民家風内装、黒の作務衣風ユニフォーム。
> **Process**
> 　☞ドリンクは3分以内、飲食物は10分以内で提供。

　サービス・マーケティングは、これらのポイントを押さえて、立案・計画されることが大切です。失敗したサービス・マーケティングの事例を調べると、こうした手順をきちんと絞り込んでいない例が、たちどころに浮かび上がるからです。
　小手先の技術では、到底こうしたポイントを押さえていくことは不可能だということがわかります。
　顧客は、この厳しいサービス競争下にあって、しっかりとしたサービスをきちんと見極めていることを肝に銘じておきたいものなのです。

お客は"経験"を買っている！

　コトラーは、**「経験マーケティング」**という方法論も重視しています。

　顧客は、消費を通じて「楽しい経験」をすることや、「非日常の体験」を求めているということなのです。

　おしゃれな空間に身を置けば、いつもと違った雰囲気が味わえます。

　コーヒーを飲むという行為にも、顧客は情緒を求めているわけです。

　コーヒーを買って飲むだけでなく、コーヒーとともにある環境や空間を買っているということなのです。

　感性のマーケティングが、サービスの差別化の鍵を握っているといってもよい時代になっているのです。

現場で使える！Point

サービス・マーケティングは具体的な形のモノを売らず、「効用」や「満足」そのものを売っている！

ディズニーリゾートにみるコトラーの教え

ディズニーリゾートはリピーターによって支えられています。その秘密は何でしょうか。

一人勝ちテーマパーク「東京ディズニーリゾート」のサービス・マーケティングとは?

　東京ディズニーランドといえば、1983年の開業以来、大成功を収めてきたテーマパークとして知られています。

　2001年には、お隣に東京ディズニーシーをオープンし、こちらもランドに負けず劣らず人気を保ち、今や2つ合わせた「東京ディズニーリゾート」として、業界で断トツの存在感を誇っています（年間入場者数2500万人。経営母体は株式会社オリエンタルランド）。

　国内のレジャーランド、遊園地の市場規模は2011年で、約6400億円規模ですが、東京ディズニーリゾートは、そのうち半分近い4割強を占めています。

　市場は、2007年以降縮小傾向にあり、東京ディズニーリゾートも2011年の東日本大震災の影響でかなりの打撃を被ったものの、現在は再び回復傾向を示すという圧倒的な強さを誇っています。

　しかも、その震災時の対応においても、顧客対応の素晴らしさが、のちのちさまざまなメディアで紹介されて、ますます評価を高めました。

　10代～20代のアルバイトスタッフが中心でありながら、ゲストを安心させ、交通機関が止まったために、園内に残らざるをえなかった大勢のゲストに対し、売り物のぬいぐるみや食品、お土産用のビニール袋を配り、雨まじりの天候の中で、空腹や防寒のために出来る限りのサービスを提供したことが知られているのです。現場キャストには、緊急時にゲストへの対応がすべて任されているという徹底したホスピタリティーが発揮されたのでした。

さて、そんなディズニーのサービス・マーケティングを探ってみましょう。

まず、一般的に指摘されている東京ディズニーリゾートの好調の理由から挙げておきましょう。

ハード面の強さは、次の4点に集約されます。

① 交通至便の立地にある

東京都心からわずか10キロ圏内に位置すること。JR東京駅から電車で15分、羽田空港や成田空港からも車で50分のアクセス圏内にある。

200ヘクタールの広大な敷地を有し、半径50キロ圏内には、可処分所得の高い3千万人の人口があり、集客が容易なことが挙げられます。

② 施設内すべてが外界と完全に隔絶された仮想世界になっている

莫大な投資によって大規模かつ細部にまでこだわった、徹底した人工空間を作り上げ、現実の世界との隔絶ができたことにより、非日常感が味わえるようになっていること。

③ 継続的な追加投資でリピーターを飽きさせない工夫がある

常に新しい魅力がもたらされるように、新企画のアトラクション施設を建造し、何度訪れても楽しめるような工夫が施されていること。

④ 入場料収入はもちろん大きな収入源

飲食物の持ち込み制限によって、飲料・フードの収入、豊富なキャラクターグッズの物販収入が見込めるようなシステムになっていること。

次にソフト面でも、以下のような強みを持っています。

① 米国ディズニー社との独占的かつ幅広い業務提携契約を結び、ディズニーキャラクターなどの魅力的コンテンツが使用できます。

② 来訪者を「ゲスト」、スタッフを「キャスト（出演者）」と位置付け、クオリティーの高い接客を実現しています。スタッフの誰もが、ゲストに「こんにちは」と呼びかけ、親切に施設やルートの案内を買って出たり、困りごとの相談に乗ったりと、フレンドリーな対応で、ゲストを喜ばせ、楽しませるモチベーションが保たれています。
③ 「夢・感動・喜び・やすらぎ」をすべての人に提供するという企業理念から、非日常空間を演出するパレードやショー、花火など、すべての催しをプロフェッショナルレベルで展開しています。
④ 東京ディズニーランドは、来場者の9割がリピーターのため、創業者ウォルトディズニーが提唱した「すべてのお客様が初めて見るモノ」としての感動を重視しています。毎回初演のつもりでの演出構成が、舞台裏で入念にチェックされ、高いクオリティーを保つ仕掛けにつながっています。

東京ディズニーリゾートと「7つのP」

さて、東京ディズニーリゾートを、コトラーのサービス・マーケティングの「7P」に当てはめてみましょう。

Product
☞ ディズニー社がアニメや映画で培ってきたコンテンツを具現化した仮想空間が商品であり、ミッキーマウスを中心としたキャラクターと触れ合える場所となっている。

Price
☞ 開園当初の想定では、入場料、飲食代、土産代などの合計で、客単価を1万円としていたが、現在ではさらに上昇している。

Promotion
☞ テレビコマーシャルやテレビ番組内での紹介の他、ディズニーの新作映画などに併せて、ディズニー全体のイメージキャンペーンを企業タイアップの手法も使って随時行なっている。

Place
☞ 東京の中心部からの交通アクセスが便利なのはもちろん、半径50キロ圏内には３千万人もの人口がある。

Participants
☞ アルバイトでも高度にトレーニングされたモチベーションの高いスタッフが、フレンドリーで親しみやすい接客を実現している。

Physical Evidence
☞ ディズニーキャラクターとともに、非日常な夢と冒険が楽しめるバーチャルな空間を実現している。

Process
☞ アトラクションの待ち時間短縮のための「ファストパス」の制度や、身長が足りなくて乗り物に乗れなかった子供には、キャストが「もう少し、大きくなったらまた来てね」と次回は待たずに乗れる「優先チケット」を配るなど、ガッカリさせない工夫が随所にある。

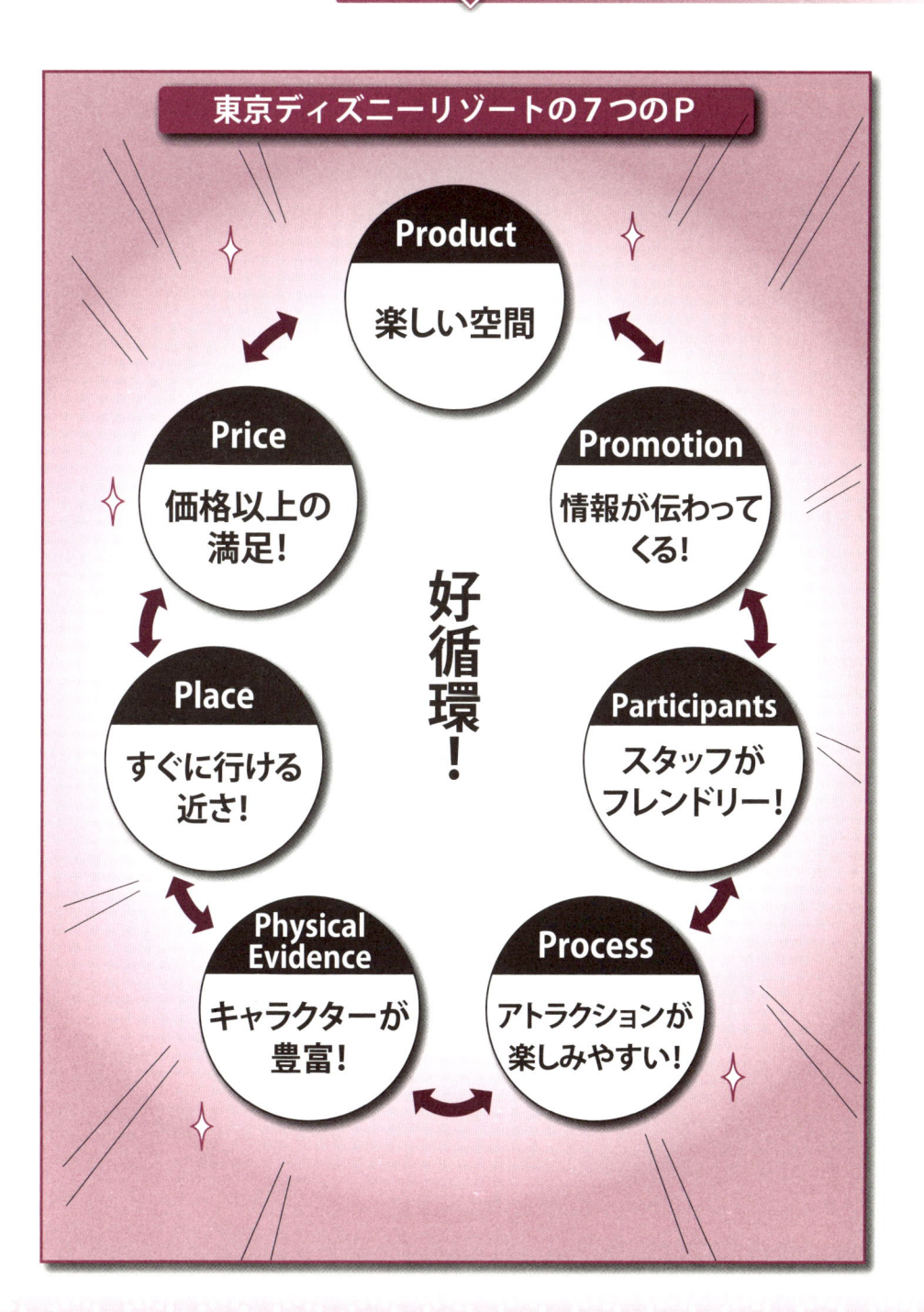

東京ディズニーリゾートの7つのP

好循環！

- **Product**: 楽しい空間
- **Promotion**: 情報が伝わってくる！
- **Participants**: スタッフがフレンドリー！
- **Process**: アトラクションが楽しみやすい！
- **Physical Evidence**: キャラクターが豊富！
- **Place**: すぐに行ける近さ！
- **Price**: 価格以上の満足！

東京ディズニーリゾートのセグメンテーションは何ですか?

コトラーのセールス・マーケティングにすり合わせてみると、共通項がいろいろ浮かびあがってきます。

> たとえば、「セグメンテーション」ですが、一般の遊園地ならば、娯楽を楽しみたい人、すなわち「子供とその親」を対象にすることが考えられます。

したがって、私鉄などが自社の沿線に遊園地を設けて、鉄道運賃も同時に落ちることを発想の起点にしているケースが多いでしょう。

しかし、東京ディズニーリゾートの場合は、初期のディズニーランドだけの場合でも、「子供とその親」という発想ではありません。

戦後の映画やテレビで育まれてきた「ディズニー」というコンテンツに親しみを覚える膨大な人たちが対象だったのです。

ですから、半径50キロ圏内の人口だけでなく、日本全国に住む「ディズニー好きな人たち」というファン層をセグメンテーションとし、ターゲットは「子供とその親」だけでなく、「友人同士」「恋人カップル」「夫婦」という広がりをもっているのです。

後発のディズニーシーは、大人をコンセプトにしているので、アルコールメニューも楽しめるフードサービスの設定ですが、先発のディズニーランドであっても(アルコールメニューなし)、小学生と中学生の入場者は、ランド全体の2割前後しかいないのです。

そして、よく訓練されたキャストによる「おもてなし」が味わえる「楽しい空間」というポジショニングが、人々の心に占められています。

また、ここには、従来の遊園地やレジャーランドと違う「テーマパーク」という概念が、しっかり息づく要素もありました。

外界との隔絶空間を見事に演出してみせたのです。

ディズニーリゾートに行けば、誰もが体験することですが、園内にいると、まったく外界の世界が見えないようになっています。

CHAPTER 3 サービス・マーケティングについて考えよう

ディズニーで育った人たちが対象

⬇

ディズニーコンテンツに育まれてきた人達を対象としているため、セグメンテーションが大きい

⬇

- 子供と親
- 恋人カップル
- 夫婦
- 家族

⬇

ここに来れば、みんなが楽しい

別世界！

樹木やアトラクション施設の配置で、巧妙に外の世界とを遮断しています。

東京ディズニーリゾートの園内には、実は600メートルにも及ぶ地下通路が設置されているのです。

園内に搬出入される物品は、すべて、このトンネルを通じて行なわれているというわけです。実に徹底しています。

物販店舗やレストランへの搬出入でさえ、決してお客に見られないよう、すべてはお客の見えないところで行なわれ、お客はその出入口さえ見えないように、巧みに遮られているのです。夢の非日常空間を守るためのインフラなのです。

また、園内には、ゴミひとつ落ちていないのも特徴的でしょう。

スーパーのビニール袋やハンバーガーの包み紙が、風に吹かれて地面を転がっていくといった光景は、一般の遊園地では見られても、東京ディズニーリゾートではありえないのです。ゴミ箱の存在からして、非日常の空間ではなくなるからです。

一般の遊園地などでは、掃除のスタッフが、いかにも掃除のスタッフといういでたちで、腰を屈めてホウキとチリトリで、ゴミを片付けます。

しかし、**東京ディズニーリゾートでは、掃除をするスタッフも、キャスト（出演者）という位置づけの下、「カストーディアル」という特別な名称で呼ばれ、腰を屈めてホウキを扱うなどということがありません。**

「カストーディアル」は、清掃専門スタッフではありません。「清掃」と「案内」がメインの仕事になっているのです。

したがって、あくまでもカッコよく、まっすぐ立ったまま、手首のスナップを利かして、ホウキを巧みに操り、ゴミをチリトリに収めるのです。

カストーディアルの存在は、ディズニーリゾート全体のイメージを左右しかねないという位置づけだからなのです。

もちろん、ここでは、インターナルマーケティングがよくはたらいています。

カストーディアルのバイト料は、他のバイトよりも高く、園内を案内できるスキルが要求されます。掃除のスタッフは、他のスタッフよりも、一段上というポジションが確立されているというわけです。

ディズニーリゾートの行動基準とは？

SCSE ……… 行動基準！

Safety（安全）
TDRでは2012年3月11日の震災発生時にただちに園内放送を行ない外部情報を提供した。

Courtesy（礼儀正しさ）
常に礼儀をわきまえ、大人のゲストには大人に、子供のゲストには子供に敬意を払って対応する。

Show（見せる）
常に美しく、清潔に、優美にふるまい、ゲストに見苦しさを与えない工夫を行なっている。

Efficiency（効率）
震災対応では、現場スタッフがただちに行なうべきことを行ない、ゲストの不安を払拭し、ホスピタリティーを発揮した。

東京ディズニーリゾートのどんな所に工夫があるのですか？

　東京ディズニーリゾートには、園内でビニールシートを敷いて、家族で弁当を広げる光景を目にすることはありません。
　他の遊園地で見られるような日常的な行為は、禁止されているからです。
　夢の非日常の世界を壊すものは、徹底して排除されているのです。
　また、**リピーターが9割以上を占める東京ディズニーリゾートだけに、お客を飽きさせない工夫も随所にあります。**
　平均して、年に一つは大きなアトラクションが登場して、その時々の目玉になっています。もちろん、名物のパレードも随時入れ替えて、大掛かりな演出を施しているため、何度観ても、飽きずに感動させられます。
　そして、期待値以上の効用と満足を与え続けるからこそ、次々と新しい投資ができ、多くのリピーターを、コアな熱烈ファンを生み続ける好循環をもたらしているわけです。
　東京ディズニーリゾートには、サービス・マーケティングを考える際の、実に様々なポイントが存在するといってよいでしょう。
「高い」といわれる入場料や飲食サービスを凌駕するだけの仕掛けがないと、このような好循環は作れないのです。
　多くの装置産業である遊園地やレジャーランドが、リピーターを獲得できず、やがて設備投資ができなくなって陳腐化する中、東京ディズニーリゾートは、このようにして、世界に4つあるディズニーランドの中でも（米国アナハイム・フロリダ・東京・パリ・香港）、最も高い収益と集客に成功しているわけです。
　以上、見ていただいたとおり、東京ディズニーリゾートの存在は、サービス・マーケティングの塊といってよいほど、顧客の効用と満足を満たすことに徹底しています。また、日本に、このようなテーマパークが存在し、多くの人々の支持を得ているという現象こそが、日本の文化と産業の成熟化を物語っ

ている――ともいえるでしょう。

　すなわち、**モノ不足の時代を経て、今日、衣食住が十二分に満たされ、高度に発展した先進国にあっては、急速なソフト化、サービス化の大波が押し寄せているといっても過言ではないのです。**

旧来のモノ作りが通用する時代は去った

　これまでのような、メーカーならば、単にモノ作りに励んでいれば、それで「儲かった」という時代は終焉したといってよいのです。
　モノ作りだけでは、「稼げない」という――明らかな現実に直面しているということです。
　ふつうのモノ作り製造業では、生き残れない時代なのです。
　では、製造業は今後、どういう方向性を志向すべきなのでしょうか。
　それは「製造業のソフト化・サービス化」以外にはないのです。
　モノ作りの製造業も、サービス・マーケティングを実践することで、顧客との関係性を結んでおかなければならないということなのです。
　とりわけ、製造業と消費者を結ぶ物流機能において、近年は画期的なサービスが行なわれるようになってきています。
　製造業者と小売店との間を結ぶ従来の「卸機能」を超えた形での、顧客サービスが急速に伸長してきたのです。
　たとえば、インターネットで本を注文すると、翌日あるいは当日にも配送してくれるアマゾン・ドットコムのネット通販サービスのすごさが挙げられるでしょう。
　リアルな書店と違って、ネットでは本を手に取り見ることはできませんが、アマゾンには、書籍によってですが、書店での立ち読み類似機能ともいえる「なか見検索」といったサービスや、読者の書評である「カスタマーレビュー」を読むこともできます。
　読者が、5つ星でのランキングを付け、書籍の内容を自由にほめたり、けな

アマゾンのサービスとは？

《創業者ジェフ・ベゾス氏の考え方》

顧客中心主義
- ① 顧客を出発点にしてさかのぼる！
- ② 発明と革新をすすめ先駆者となる！
- ③ 長期的な視野に立つ！

なか見検索機能 （立ち読み可）	**カスタマーレビュー** （読者の評価）
中古本取扱 （読み終わった本を売れる）	**レコメンデーション機能** （おすすめ本を紹介してくれるサービス）
圧倒的品揃え！	**迅速な配達** （当日便あり）

CHAPTER ③ サービス・マーケティングについて考えよう

したりといったことも可能になっているのです。

カスタマーレビューという機能は、書店以上のサービスを顧客に提供しているともいえるのです。

> 購入しようか、どうしようか――と考えている人にとっては、この評価がものすごく参考になることでしょう。

それだけではありません。

読者は、自分が読み終わった書籍を、中古本として、自分で好きな価格を付けて新刊と一緒に並べて売ることまでができるようになっています。

> 顧客にとっては、新刊で購入する選択と、中古で購入する選択を、自由に選べるというのは、コストパフォーマンスを考えるうえで、究極のサービスともいえるものでしょう。

さらに、顧客の購買履歴によって、他のおすすめ書籍を随時紹介してくれるという「レコメンデーション」機能まであります。

顧客の趣味や嗜好に適った商品を紹介することで、顧客にも便利なサービスとなっており、売上アップにも期待がもてるという好循環なシステムになっているのです。

近年、アマゾンの成長の陰で、米国では、大型書店が次々と倒産しています。アマゾン一人勝ちの構図の中、昨今では電子書籍端末「キンドル」「キンドル・ファイア」を使っての電子書籍市場でも覇を握ろうとしています。

アマゾン・ドットコムでは、書籍からスタートして、現在ではあらゆるものを扱っています。

DVD、ミュージック、ゲーム、家電、カメラ、AV機器、パソコン、オフィス用品、ホーム＆キッチン、ペット用品、食品＆飲料、ヘルス＆ビューティー、ベビー用品、玩具、ホビー、ファッション、バッグ、腕時計、スポーツ＆アウトドア、DIY、カー用品＆バイク用品………などです。

> 創業者のジェフ・ベゾフス氏いわく「アマゾンの顧客中心主義は、3つのビッグアイデアに基づいている。1つ目は顧客を出発点にして、そこからさかのぼるということ。2つ目は、発明と革新をすすめ、先駆者になること。

3つ目は、長期的な視野に立つことです」。

とにかく徹底した顧客中心主義です。「どこよりも安く、圧倒的な品ぞろえで便利に」というサービス・マーケティングを極めようとする姿勢が、アマゾンの絶対優位性をもたらしているわけです。

きめ細かいサービスで成功した中小企業

規模は違いますが、同様なことは、中小企業向けのオフィスサービスを手掛けて成功しているアスクル㈱の配送サービスにもいえることです。

こちらは、アナログなカタログを使っていますが、一覧性という意味での便利さを極めた冊子と、ハイテクな物流機能との見事な融合によって、画期的なサービス戦略を構築しています。

個々の中小企業からのカタログ請求を受け、アスクル㈱がカタログを送り、中小企業はカタログに掲載された膨大な商品群の中から注文さえすれば、「安く、早く」商品を届けてくれるというサービスです。

このサービスによって、中小企業では、女性事務員がわざわざ街の文具店に買い出しに行く必要がなくなり、また、街の文具店で定価で買うより安く、さらにオフィスや工場に在庫を置く必要もなくなり、コスト管理が非常に簡単になっています。大手企業なら、文具卸が直接出入りして、きめ細かく対応してもらえるサービスを、中小企業向けに展開したところに着眼の妙があったのです。

何しろ、従業員数300人以下の日本の中小企業数は約419万もあるからです（法人数約118万社＋個人事業約301万の合計、日本の事業者の99.7％が中小企業であり、雇用者数約5400万人の７割に及びます――2009年のデータ・総務省の「日本の統計2012」より）。

このビジネスは1993年に、もともとは、オフィスインテリアや家具を手掛ける文具メーカーのプラス㈱が社内事業の一環としてはじめたオフィス・コンビニエンス事業でした。今やアスクル㈱は、母体だった文具メーカーの売上規模

アスクルのサービスとは？

アスクル
↓

★セグメンテーション

> 事業所の99%を占める中小企業向けサービス

★ターゲット

> スタート時はオフィス文具・用品のニーズ

★ポジショニング

> 「明日(あす)くる」で便利な配送サービス

⬇

★画期的！

> 既存の文具店と競合しない仕組みの構築

を超えるまでに成長しています。

> この事業の画期的なところは、文具メーカーが直販に乗り出すことで、街の文具店を淘汰するのではなく、共存共栄が図れるような仕組みが構築されていることです。従来から、プラス㈱の商品取り扱いを行なってくれていた街の文具店にも、アスクル㈱の代理店として新規顧客開拓、代金回収、債権管理、顧客ケアなどを、共同で担うシステムになっているからです。

　メーカーとして、これまでの流通チャネルにも配慮したビジネスモデルを作ったところが、日本的でユニークなところなのです。最近では、中小企業のみならず、一般の個人であってもネットの注文を通じて、このサービスが受けられるようになっており、ますます便利な存在になっています。

　米国では、医薬品の大手卸だったカーディナル・ヘルスという企業が、顧客である病院を相手に、医薬品の管理と配送を担うサービスの確立で急成長を遂げています。

　従来の病院では、多くの患者の処方薬の在庫管理、調合といった面で、多大な負担がかかっていたのですが、それを高度なシステム化と迅速かつ正確な配送体制によって、大幅に軽減させることに成功したのです。

　いわば、病院業務のアウトソーシングなのです。

　現在では、手術に必要な器具一式までを、執刀医のためにキット化して届けるというサービスにまで手を広げています。顧客の利便性を図るための、さまざまなサービスの知恵が集積されているのです。

　今後も、こうした顧客サービスを至上命題として取り組む企業が、サバイバル競争を生き抜いていくのは、間違いないでしょう。

現場で使える！Point
サービス・マーケティングは究極の「効用」と「満足」は何かを考えさせてくれる！

CHAPTER 4

ソーシャル・マーケティングについて考えよう!

ソーシャル・マーケティングの基本的な考え方

マーケティングの力で、社会をよくし、私たちの暮らしを向上させる機運が生まれました。

ソーシャル・マーケティングって何ですか？

ソーシャル・マーケティングとは、社会をよくするマーケティングのことです。 マーケティングについて、ここまでお読みくださった読者のみなさんは、なるほど、マーケティングは世の中をよくすることにも使えるな——と納得いただけるのではないかと思います。

コトラーは、マーケティングとは、モノをよく売れるようにすることではなく、「社会が求める価値を提供することで、その見返りとして利益と交換すること」としています。

社会には、営利企業だけでなく、政府や地方自治体などによる行政サービス、さらにその他にも、非営利団体や組織によるサービスなどがあります。

学校、病院、博物館、美術館、NPO団体……などがすぐにも思い浮かべられるでしょう。行政サービスは、私たちの税金によって運営され、営利企業では行なえない活動を行なってくれています。

官公庁の他、警察や消防、自衛隊などがそうです。

しかし、それ以外の非営利団体や組織の場合でも、税金からの補助を受けているものが相当数存在しています。

何でもかんでも、公共サービスに類するものは税金でやればよい——という発想では、税金の無駄遣いが生じますし、お金も足りなくなります。

日本ではすでに、国家予算の半分しか税収はなく、不足分を毎年国債による借金で賄っています。したがって、累積した借金の額が、GDPの2倍にもの

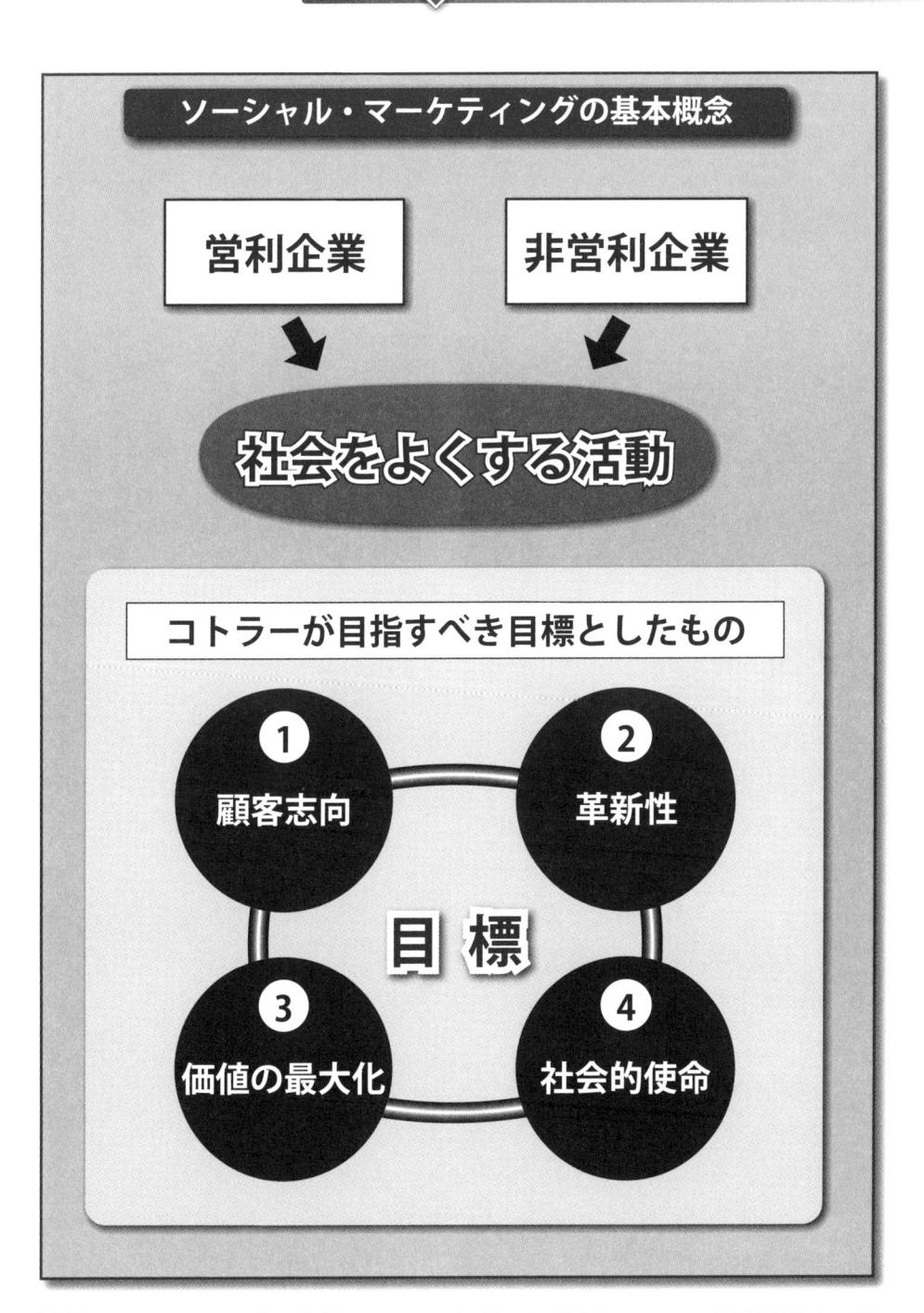

ソーシャル・マーケティングの基本概念

営利企業 → 社会をよくする活動 ← 非営利企業

コトラーが目指すべき目標としたもの

目標

1. 顧客志向
2. 革新性
3. 価値の最大化
4. 社会的使命

ぼっており、今のところ返済の目途も立たない状況が続いています。

もはや、税金で行なう公共サービスは、限界にきているのです。

公的なサービスであっても、顧客の効用と満足を図る中、効率的なマーケティングを行なうことで、税金の垂れ流しをストップしなければ、国家財政は回らないというわけです。

現在の状況は、公共サービスそのものがマーケティング・マイオピア（近視眼）に陥るばかりで、高齢化で激増する医療費の問題も、年金の支給と負担のバランス問題も、生活保護費の不正受給の問題も山積する一方で、解決の目途さえ立っていないのが実際です。

政治家も公務員も、マーケティングの手法によって、抜本的な課題の洗い直しが急務といえる状況なのです。

すでに今日では、営利企業であっても、社会貢献に資する活動が求められるようになっている時代です。

2011年3月の東日本大震災にあっては、営利企業の被災地支援活動がひろく報道されました。

一般人のボランティアが被災地支援に駆けつけるだけでなく、企業の中には新入社員を交代で現地に赴かせ、食糧や水の支援だけでなく、ガレキの撤去作業などにあたらせるところが続出しました。

社会に困った人がいれば、営利企業であっても、採算抜きでの活動が求められる——こうしたコンセンサスが浸透していることが窺えたのです。

現物支援だけでなく、募金活動においても、営利企業の活動が随所に見られました。連鎖の輪がひろがり、多くの募金活動が実施されました。

また、とりわけ、企業のオーナー経営者が、億円単位の寄付金を提供したことも、人々の記憶に新しいところです。

このように、世の中は、確実に企業の社会貢献活動を求める機運が、醸成されています。

地球資源を有効に使うことが肝心で、CO_2排出の削減行動や、賞味期限切れの食品廃棄なども問題とされ、家畜のエサとして再利用したり、発酵エネルギ

ーに還元する動きなども求められています。

また、貧しい国の労働者として、子供が働かせられる問題や、アンフェアな取引を排除したフェアトレードの製品も注目を浴びる時代になっています。

こうした営利企業のマーケティング活動の知恵を、公共サービスにも取り入れられなければならないと、コトラーは考えているのです。

コトラーは、社会貢献に臨む際のマーケティングの視点として、次のような4つの目標を定めています。

① 顧客志向

☞ **常に顧客志向であること**――これがコトラーの最も重要なマーケティングのポイントになっています。顧客が見てどう思うのか、さまざまな顧客の視点があることを想定し、効用や満足度が低くならないかをチェックしなければなりません。

② 革新性

☞ **従来になかった発想での製品やサービスの開発に取り組まなければ、顧客からの本当の支持が得られないことを示しています。**たとえ、ロングセラーの商品やサービスであっても、絶えず見直しを図らなければならないことは、言うまでもありません。組織の従業員までが、自社の生み出した製品やサービスに愛着を持ち、誇りを持てるようなものでなければならないのです。

③ 価値の最大化

☞ 製品やサービスを生み出すことだけが、企業の役割ではありません。社会に新しい価値を提供することで企業は成り立っているのですから、その価値の最大化こそを図らなければなりません。**商品やサービスが売れないから価格を下げるというのは、商品やサービスの価値を下げることにほかなりません。**こんな発想では、コモディティ化してしまい、自縄自縛の結果を

招くだけなのです。優位性を発揮して、顧客に価値を見出してもらい、それを最大化するにはどうしたらよいのかを考え抜かなければならないのです。

④ 社会的使命

☞ **企業自身が、自社の社会的使命を明確にしておかなればならないと、コトラーは指摘しています。**そのためには常に経営者が、自社の社会的使命を社内に向けてアピールすること、明文化して徹底することが大切であるとしています。こうすることで、自社が取り組まなければならない仕事と、してはならない仕事とがはっきりしてくるからだということなのです。反社会的なことを企業が行なってしまっては、企業そのものの存続が危ぶまれるからです。ブラック企業と指弾されれば、ネット社会ですから、瞬くうちに噂になってしまいます。誇りを持って、従業員が働ける環境づくりに資する意味でも、社会的使命を唱えることの重要性がここにあるわけです。

正しいソーシャル・マーケティング活動って何ですか？

　日本市場も、現状はデフレ不況下にあり、かつての右肩上がり時代には、考えられなかったような課題が山積するようになってきています。

　円高による産業空洞化や、安い中国製品の輸入によって国内製造業は、競争にさらされ、青息吐息の危機的な状況を迎えています。そうした厳しい環境下にあって、なおのこと企業の社会貢献活動が求められているのですから、マーケティングの課題もますます難しくなっていく一方なのです。

　私たちは、このことを自覚したうえで、正しいソーシャル・マーケティング活動を考えていかなければなりません。

　さて、コトラーが、ソーシャル・マーケティングについて取り上げたのは、

CHAPTER ④ ソーシャル・マーケティングについて考えよう！

ソーシャル・マーケティングの系譜

1969年……コトラーとレビイの共著で論文発表！
「マーケティング概念の拡張」で学会に反響！

↓

| マーケティングは技術 | → | ゆえに社会全体で共有さるべきもの！ |

やがて拡大していった!

- 非営利組織マーケティング
- ソーシャル・マーケティング
- ソサイエタル・マーケティング
- コーズ・リレーテッド・マーケティング
- CSRマーケティング

1969年のことでした。

マーケティング学者仲間のレビイとの共著により、「マーケティング概念の拡張」という論文をマーケティング専門誌に発表したのがキッカケでした。

この論文の反響は大きく、マーケティングがビジネス以外にも応用できるということで、学会で話題となります。

> マーケティングは技術ゆえに、その適用範囲・応用範囲は社会全体で共有されるべきという画期的な考え方だったからです。
>
> ソーシャル・マーケティングは、その後大きな広がりを見せ、今日では「非営利組織マーケティング」「ソーシャル・マーケティング」「ソサイエタル・マーケティング」「コーズ・リレーテッド・マーケティング」「CSR（企業の社会的責任）マーケティング」などとすすんできたのです。

- 「非営利組織マーケティング」とは、非営利組織が行なうマーケティングのことです。政府や地方自治体・学校・病院・博物館などが非営利組織です。
- 「ソーシャル・マーケティング」とは、広義の概念ですが、顧客嗜好というよりも社会志向という考え方が中心になっています。「非営利組織のマーケティング」と「社会志向のマーケティング」を包含するマーケティングのことです。
- 「ソサイエタル・マーケティング」とは、企業が短期的志向で顧客や利益をとらえていくのではなく、長期的な視点に立って、環境資源の問題や、行政組織の課題にも直接乗り出して解決を図るなどのマーケティング活動のことです。
- 「コーズ・リレーテッド・マーケティング」とは、企業が利益の一部を環境保全活動のために寄付することで、売り上げを上げようとするマーケティングのことです。「この製品の10%は○○の支援のために寄付されます」といったキャンペーン方式などがよく見られます。
- 「CSRマーケティング」とは、企業の社会的責任を求めるマーケティン

世の中のすべての組織が対象に！

企業 →
- 各種の文化・芸術後援
- 商品の一部を寄付
- 環境への負荷を排除

政府 →
- 効率的な行政サービス
- 環境への負荷を排除
- 各種規制の見直し

自治体 →
- 効率的な行政サービス
- 地域に根ざした公益サービス
- 公益ボランティア団体の支援

学校 →
- 効率的な学校運営
- PTA活動の支援
- 地域住民とのつながり

病院 →
- 効率的な病院運営
- 地域に密着したサービス
- 在宅医療の支援

公営組織 →
- ボランティア活動への支援
- 企業との連携
- キメ細かい住民サービス

NPO →
- ボランティア活動への支援
- 行政サービスの補完的活動
- ボランティアの育成

グのことです。企業は、従来顧客にとってよい商品をとどけることが、社会的責任と思われていましたが、今日では企業活動のすべての面において、社会的リスクを取り除くことが求められています。環境や社会にもたらす自社活動の負の部分があったのでは、企業の継続的発展はありえないという視点に立ったマーケティングのことなのです。

　このように、ひとくちに「ソーシャル・マーケティング」といっても、さまざまな形態に分類されて語られるようになっているのが実際のところです。

　単に「ソーシャル・マーケティングとは、社会をよくするマーケティングです」と言っても、漠然としていて、つかみにくいからです。
　ちなみに、非営利組織のマーケティングで特徴的なのは、有形サービスでなく、無形サービスがその中心的位置を占めるということです。
　サービス・マーケティングと同じく無形のものを対象として取り扱っているからです。

　病院では医療サービスが、学校では教育サービスが、政府や地方自治体では行政サービスが行なわれます。
　これらは、営利企業と違って、人々の税金で賄われるサービスという性格から、社会が向ける目には、非常に厳しいものがある——ということです。
　税金の無駄遣いがあってはならないからなのです。
　近年では、こうした公的サービスにおいても、従事する職員自らが、マーケティングを学び、マーケティングの手法を取り入れるようになってきています。
　このことをコトラーは、これこそが望ましい傾向であるととらえているのです。コトラーは「社会が変わるマーケティング」という著書において、ソーシャル・サービスの概念を具現化している組織の事例として、米国の郵政公社を取り上げています。
　郵便配達におけるサービスといえば、顧客の郵便物を、早く、正確に届けることで顧客の利便性を図ることにあります。
　コトラーは米国の郵政公社が、郵便配達の効率アップのために、これまで導

入してきた実例を具体的に取り上げて説明しました。

たとえば、配達郵便物の効率的な仕分けや、配達ルートの徹底した短縮策、インターネットを通じて、切手や専用封筒を購入できるサービスや、オンライン申し込みで集荷サービスが行なわれるなど、日本の宅配便のようなサービスも導入されてきているといったことです。

これも、ある意味必然的なことでしょう。

なにしろ、米国の郵政公社は、ライバルである民間のUPSやフェデックスといった配達サービス会社との競合にさらされているからです。

日本の郵便事情と同様に、民間会社が市場に参入しているのです。

こうした競争的環境によっても、社会に向けてのサービス向上へとつながっていったことは間違いないことといえるでしょう。

> ソーシャル・マーケティングは、世の中をよくする、社会をよくするためのマーケティングです。生活や暮らしといった、私たちの日常環境に密接に結び付いた「文化的、教育的、環境的、衛生的な利便性の向上」が図られることが、その目的になっています。

だからこそ、図書館の場合でも、利用を夜間にまで広げたり、お目当ての書籍の貸し出し状況が自宅のパソコンで気軽にチェックできる、返却ポストの設置で休館日にも、借りた本を返すことができるといった顧客視点でのサービスの向上がなければ、いけないわけです。そして、企業の側も、肥満防止のための糖質や脂肪分の多い食品の販売を自粛したり、エイズやがん撲滅のキャンペーンに協賛するなどのソーシャル・マーケティング視点からの取り組みが、今日ではますます求められるという背景がひろがっているのです。

現場で使える！Point

ソーシャル・マーケティングは、営利企業の効率的な活動に学ぶべきところが多いのです。

ソーシャル・マーケティングが重要な時代

= Q & A =

Q： マーケティングという概念は20世紀に入ってから、米国で生まれ、はじめは広告・宣伝とか市場調査のことを意味していたんですよね？

A： そうです。はじめは「製品主義」「販売主義」だったものが、ドラッカーやコトラーのいう「顧客志向」「顧客主義」になっていったのです。

製品主義・販売主義の時代 → 顧客主義の時代 → 顧客の真に欲するものを提供する活動へ → 社会全体への拡大

Q： つまり「顧客主義」に立った時点から、マーケティング活動は、ひろく社会全体へのはたらきへと結びついていく過程をたどる宿命があったんですね。

A： そうです。はじめは「マーケティング＝儲けてぃんぐ」などと揶揄されることもありましたが、顧客の本当の役に立つ商品やサービスを提供すれば、見返りの価値としての報酬が得られる──ということでコトラーが指摘した通りになっているわけです。

Q： なるほど。だからソーシャル・マーケティングが生まれ、それを上手に行なっている立派な営利企業に、公共サービスも学ばなければいけないんですね。

A： そうです。このあとから、立派な事例を見ていきましょう。

CHAPTER ④ ソーシャル・マーケティングについて考えよう！

ソーシャル・マーケティングの成功例

ソーシャル・マーケティングに成功している民間の組織や営利企業の事例を見ておきましょう。

いま、保険業界はどんな状況にあるのでしょうか

　日本人は、世界でも稀なほど、保険が大好きな国民といわれてきました。
　終身保険やら、三大疾病対応の大型保障付き保険だの、さらにガン保険やら傷害保険など、２重３重の保険加入も珍しくなかったからです。
　㈶生命保険文化センターの2010年のデータによれば、年間払込み保険料は男性で平均25.4万円、女性で18.5万円、１世帯当たりの年間払込み保険料の平均は45.4万円となっています。ところで、ピーク時の1997年には、１世帯当たりの年間払込み保険料は67.6万円もあり、世帯加入率は94年のピーク時に95.0％もあったのが、09年には90.3％まで低下しています。
　家計所得の減少や、死亡率の低下による高齢化によって、従来型の死亡保険が縮小し、入院保障といった保険への移行、ネット生保などの格安生保の普及などが市場縮小の背景として考えられるでしょう。
　さらに、96年の保険自由化により、保険商品の自由化、保険商品の料率自由化、生損保乗り入れ自由化、複数の会社の保険商品を扱える代理店などが解禁されたことにより、保険販売の王道だった従来型の生保レディが売り歩く形の保険商品は、急速に色あせるようになってきました。
　従来の生保レディは、家庭の主婦が、GNP（義理・人情・プレゼント）と呼ばれる手法を駆使して、職場や個人の家庭を訪問販売する形式が主流でした。
しかし、こうした販売方法をわずらわしいと感じる顧客も多かったのです。現在では、「保険の見直し」をスローガンに掲げた店舗型の保険販売方式

保険業界はサバイバル競争に突入した！

日本人は世界一保険好き！

※日本人は真面目なので、一家の大黒柱が「もしも」に備えて、残された家族の生活を心配して保険に多く入る傾向があります。

ゆえに…

G・N・P営業が主流に！
（義理・人情・プレゼント）

1996年の保険自由化！

生き残りをかけた戦国時代に突入！

- ネット通販
- GNP衰退
- 争奪戦！
- 保険見直し
- 保険引っくり返し
- 激安
- ツブシ合い

CHAPTER 4 ソーシャル・マーケティングについて考えよう！

が、さまざまな代理店によって手掛けられ、街で見かける機会も増えました。

　かつては、どこの保険会社の商品も、会社名が違うだけで、内容に大差がなかったものの、近年はさまざまな商品が売り出されているからです。

　国の規制緩和のおかげで、ようやく顧客自身が、何の束縛もなく自由に保険を選べる時代になったのですから、たしかに画期的なことではありました。

保険業界でソーシャル・マーケティングに成功した事例があるって本当ですか？

　さて、そんな保険業界の中、一貫して加入率を増やし続けているソーシャル・マーケティングの模範的事例があるので紹介しておきましょう。

　1973年（昭和48年）に日本ではじめて「年齢・性別に関係なく、格安一律の掛け金で、保障も一律」という**埼玉県民共済事業**がスタートしています。

　この事業を考案したのが、正木萬平さんという人でした。

　もともと金属労連の書記長を務めていた正木さんは、労働者の労働災害、不慮の事故による本人や家族の保障に取り組んでいました。

　そこで、何とか、安い掛け金で加入でき、手厚い保障が得られる、従来の保険よりも安心できる商品が作れないかと知恵を絞っていたわけです。

営利を目的とせず、加入者全員の幸せにつながる保障の形です。

　その結果、当時誰も思いつかなかった画期的な方法で共済事業を立ち上げたのでした。勧誘するためのコストをなくすためにも自主的に加入してもらい、安い掛け金で、大きな保障を得られるという「払い込み掛け金の還元率100％を目指す夢の共済事業」だったのです。

　もちろん、当初誰もが、うまくいかないのでは――と事業を危ぶみました。

　しかし、正木さんは、本当に加入者のためになる商品だったら、絶対に売れるはずという信念で事業に邁進します。

　勧誘員ゼロ、集金人ゼロが原則ですから、スタート当初は、職員数名が来る日も来る日も埼玉県内の住居を一戸ずつ回って、各戸の郵便受けにチラシを投函するのが営業活動だったそうなのです。

埼玉県民共済の驚異のソーシャル・マーケティングとは？

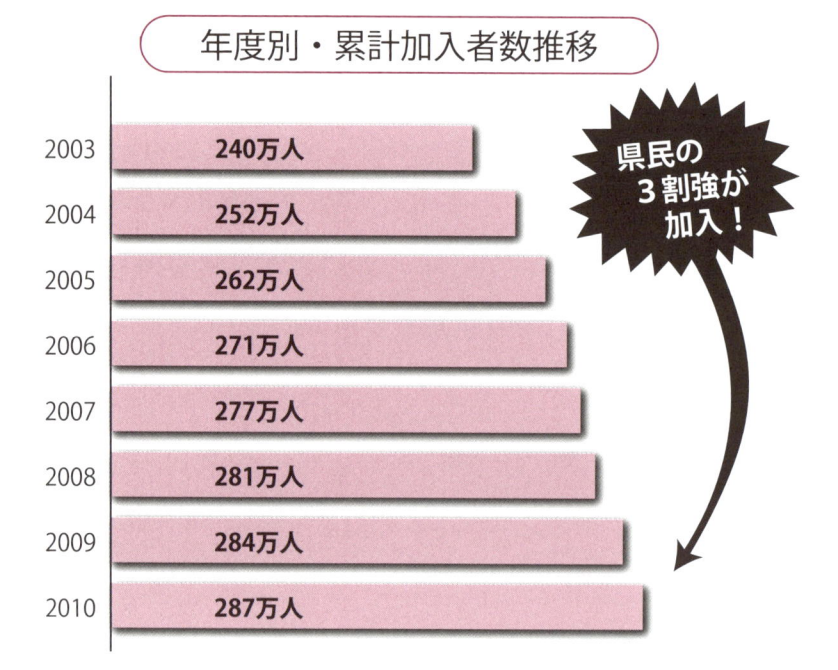

年度別・累計加入者数推移

- 2003　240万人
- 2004　252万人
- 2005　262万人
- 2006　271万人
- 2007　277万人
- 2008　281万人
- 2009　284万人
- 2010　287万人

県民の3割強が加入！

受入掛金に占める共済金・割戻金・事業費の割合

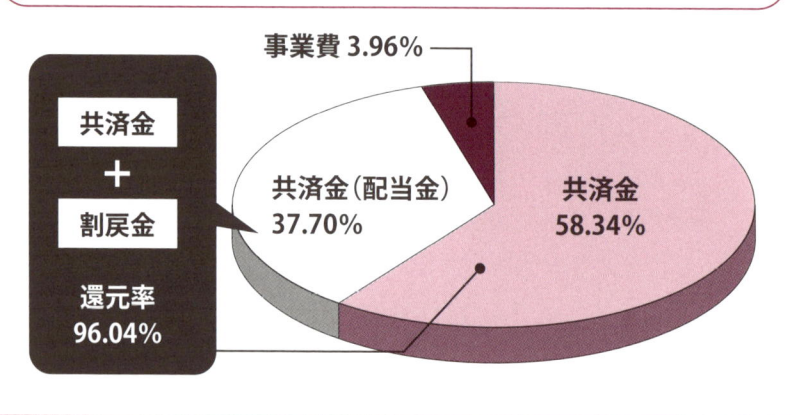

- 事業費 3.96%
- 共済金（配当金） 37.70%
- 共済金 58.34%

共済金 ＋ 割戻金
還元率 96.04%

つまり、チラシを見て加入契約をしてもらう通信販売の仕組みです。

その後、当時の埼玉銀行（現さいたまりそな銀行）の頭取が、口座取扱いに動いてくれた結果、現在のような毎月の口座引き落としスタイルに移行し、利便性を得て、年々拡大の一途をたどっていくことになるのです。

そして、正木さんが考案したビジネスモデルでの県民共済事業は、今日全国の37都道府県にひろがっていきました。

07年3月には、全国の共済事業の契約数は、1309万件となり、最大手の日本生命の1296万件を超えるまでになったのです。

埼玉県民共済は、保険市場が縮む中、年々加入者数をふやしていきます。2003年（平成15年）の240万人が2010年（平成22年）には287万人です。

また、受け入れ掛け金のうち、事業費に3.96％を充てるのみで、共済金の給付率58.34％で、残りの37.7％は割戻金として加入者に配当として戻しています。

たとえば、一般的な「医療・生命共済」の場合（加入は15歳～60歳）、2000円コースからで、不慮の事故で1000万円、病死が400万円、後遺障害も400万円以上が付く他、すべての病気入院と不慮の事故による入院が、1日目から120日まで1日当たり8000円です。入院中に手術を受ければさらに5万円の給付があります。しかも、給付金は原則即日払いのスピードです。

安い掛け金で、これだけ手厚い保障を実現しているのです。ご存じなかった方は、驚かれたことでしょう。現在も、勧誘は新聞折り込みチラシだけで、埼玉県民の3割強が加入している計算です。募集経費も店舗費用もかからないため、このような理想の保障ができる仕組みになっているのです。

現場で使える！Point

競争の厳しい保険業界でも、しっかりとしたソーシャル・マーケティングができた企業が生き残る。

企業の成功例とその戦略

日本企業でもソーシャル・マーケティングに昔から取り組んできた企業があります！

ピンクリボン運動を通じてのソーシャル・マーケティングとは？

「ピンクリボン運動」は、乳がんの正しい知識の普及を通して、早期発見のための受診を推進する運動で、1990年代の米国から広まりはじめました。

日本では、2000年代に入ってからですが、同年10月に乳がん支援団体の「あけぼのの会」が、東京タワーの協力で、タワーの全体をピンク色にライトアップしたことがキッカケで、急速に協賛する企業や団体がふえていきました。

日本企業では、協賛する企業数は増え続けていますが、有名なところでは、ワコール、エイボン・プロダクツ、アテニア化粧品、東京海上日動あんしん生命、埼玉りそな銀行などがあります。これらの企業の中でも、婦人用下着トップメーカーである㈱ワコールの取り組みは早く、ピンクリボン運動以前から「リマンマ事業」という活動を通じて、乳がん経験者への支援活動を続けていることが知られています。

「リマンマ事業」とは、「乳房をふたたび」「美しさをもう一度」という意味で、乳がん経験者に、美しいボディラインと笑顔を取り戻してもらおうとするさまざまな取り組みをいいます。

日本人女性の場合、乳がんを発症する割合は、約20人に1人といわれており、乳がんで死亡する女性の数は年間1万人弱といわれています。

㈱ワコールは、「リマンマ事業」だけでなく、ピンクリボン運動にも強く共鳴し、京都にある本社ビルの壁には、大きなピンクリボンのシンボルマークが掲げられているほどです。

CHAPTER ④ ソーシャル・マーケティングについて考えよう！

ワコールのソーシャル・マーケティング

― 婦人用下着メーカートップ ―

(株)ワコール

乳がん発症者への
社会貢献活動！

長い実績！　　高い評価！

リマンマ事業

ピンクリボン運動

- 全国に6ヵ所のリマンマルーム設置！
- 全国の遠隔地へスタッフを派遣！
- 全国1800ヵ所の病院に製品カタログ提供！

自社の強みを生かし、社会貢献活動に多大な実績を残してきています！

同社は、乳がん経験者にも、自然な感覚で暮らしを楽しんでもらうべく、インナーウェアや水着を開発している他、日本全国に6カ所のリマンルームを設け、専門アドバイザーを配して相談を受け付けています。また、遠隔地にはスタッフが赴き、採寸や試着などの無料相談会も随時実施しています。

　すでに、全国約1800カ所の病院に製品カタログを提供し、延べ18万人以上の女性に利用されています。

　㈱ワコールのソーシャル・マーケティング活動は、長い実績とその幅広い取り組みによって、高い評価を受けているのです。

糖尿病の予防と糖尿病患者用の食事提供サービス

　日本は、世界第6位の糖尿病大国です。日本では成人人口が9534万人ですが、そのうち1067万人が糖尿病です。有病率は11.2％です（WHO標準値は7.93％）。

　糖尿病の恐ろしさは、重症化するまで、ほとんどが自覚症状のない点です。

　気づいた時には合併症が進行して、大変な事態を招くところにあります。糖尿病患者は、高血糖の状態が続くため、血管が傷つけられます。

　それが原因で、さまざまな合併症が現れるわけです。失明、慢性腎不全、網膜症、神経障害を引き起こしたり、足が壊疽して切断するケースも多く見られます。

　すでに日本人の糖尿病予備軍は、2000万人に達しているといわれ、国民の2割近くが該当するとまで推定されています。

　糖尿病などの生活習慣病の厄介なところは、家族にそういう人が1人でもいると、その人のためだけに別途、カロリーや塩分、油分をコントロールした食事を用意しなければならないことです。

　これは、家族にとって非常な負担になります。

　献立を別にして、食事を用意するといっても、カロリーや塩分、油分の量を制限すると、味がおいしくなくなるという問題があるからです。

　こうしたことから、近年、糖尿病患者や糖尿病予備軍の人、カロリー制限を

してダイエットしたいという人向けに宅配食市場に乗り出す企業が増えています。たとえば、有名なところでは、タイヘイの「ヘルシー御膳」、ニチレイの「カロリーナビ240」、ムサシノ食品の「健康宅配食」といったところが挙げられます。中でも、㈱ニチレイフーズの取り組みは、際立っていると言えます。

同社は、持株会社㈱ニチレイの事業会社ですが、もともとの日本冷蔵㈱時代の1952年より調理冷凍食品の生産・販売を開始しており、日本の冷凍食品市場のパイオニアであるとともにトップ企業でもあります。

その蓄積された冷凍技術、チルド技術、低温物流体制、バイオ・サイエンスといった高水準の技術力の優位性を生かして、家庭用ヘルシー食品事業に、すでに1980年代から乗り出しているのです。

1989年からは、厚生労働省の許可を受けたレトルトの糖尿病食（特別用途食品）を発売し、ヘルシー食品分野においても先駆的地歩を固めてきています。

カロリーを低く抑えても、美味しく食べられる食品を作るのは、大変なノウハウを必要とします。㈱ニチレイフーズは、こうした独自ノウハウのヘルシー食品について、既存の流通チャネルとは一線を画して、ダイレクトに顧客の家庭に届ける通販方式を選択しています。

価値の差別化を図って、ブランディングにもこだわっている姿勢が、十分に窺えます。今日では、非常に充実したラインナップを実現しています。

まず、ヘルシー食品としての位置づけでは、「美味しく食べて355kcal 以下の冷凍惣菜セットの『気くばり御膳』」、「カルシウムをプラスしてエイジング対策にも着目した『気くばり御膳カルシウムプラス』」、「ごはんが一緒でも380kcal 以下に抑えた20品目以上の食材で和・洋・中・エスニックのメニューが楽しめる女性に嬉しいお弁当セット『ウーディッシュ』」、「一流シェフ監修のヘルシーでおいしい冷凍惣菜セットの『シェフズ・バランス』」のシリーズなどがあります。

さらに健康管理食としての位置づけでは、「糖質・塩分・脂質ごとにコントロールできる4つのコース『健康を考える大人の食事』」、「エネルギー調整食品（糖尿病食）の『カロリーナビ』」、「砂糖不使用ででんぷんを原料にした還

ニチレイのソーシャル・マーケティング

冷凍食品のトップ企業

(株)ニチレイフーズ

日本は糖尿病大国！
おいしいヘルシー
食品の開発へ！

長い実績！

高い評価！

調理・冷凍・低温物流技術を生かす

カロリーコントロール食品の提供

- 糖質、塩分、脂質別にコントロールできるキメの細かい調理食品の開発！
- 圧倒的なメニューの種類！

自社の強みを生かし、国民病ともいわれる糖尿病患者やその予備軍の強い味方になっています！

元麦芽糖仕上げの甘味料やジャム・キャンディーなどの低カロリーの『マービー』」、「たんぱく質と塩分を調整したお弁当セットの『うるおい彩菜』」、「たんぱく質、塩分、リン、カリウムなどを調整したレトルトのおかず『ジャネフプロチョイス』」、「たんぱく質を調整した『ごはん』」、「たんぱく質を調整し高エネルギーを補強するクッキー、団子、マヨネーズ、醤油、果物ゼリーなどの『サポートアイテム』」などのシリーズ各種があります。

　非常に豊富な種類で、きめ細かいカロリーコントロールをサポートしてくれる商品をそろえるに至っているのです。

まさしく**他社の追随を許さない価値あるシリーズ商品群で、差別化・ブランド化に成功し、多くの悩める人たちの支持を得るに至っているわけです。**

グローバル展開でソーシャル・マーケティングを追求する企業！

　味の素㈱といえば、1兆2千億円以上の連結売上高を有する、日本を代表する総合食品メーカーです。社名の由来となった「味の素」は、1908年（明治41年）に、東京帝国大学教授の池田菊苗博士が、昆布から「うま味」成分を発見し、グルタミン酸ナトリウムの製造特許を取得したことに発しています（「味の素」の発売は翌1909年から）。

　以来、同社は、グルタミン酸製造をはじめとする発酵技術を生かしたアミノ酸事業（栄養食品、甘味料、化成品、香粧品、医薬品、飼料用アミノ酸など）、医薬事業（輸液栄養透析、栄養治療剤、糖尿病治療薬、血圧降下薬、骨粗鬆症用薬など）などの他、総合食品メーカーとして、業界のリーディングカンパニーとなっています。

　調味料の「味の素」「ほんだし」「ハイミー」「アジシオ」、加工食品の「クノール」「CookDo」「ピュアセレクトマヨネーズ」、冷凍食品、即席めん、レトルトカレー、コーヒーなどは、家庭の食卓でもおなじみです。

　同社は、海外15カ国以上で、現地法人を有し、工場進出を果たして事業展開するグローバル企業としても有名です。

しかも、進出したのは、日本企業としては珍しく早く、1917年（大正6年）にはニューヨーク事務所を開設し、翌1918年には上海出張所、1956年（昭和31年）には米国とブラジルに現地法人設立、1958年（昭和33年）にはフィリピンに現地法人、1960年（昭和35年）にはタイに現地法人、1984年（昭和59年）には中国に北京事務所を設立しているのです。

グループの企業理念もグローバル志向です。

「私たちは、地球的な視野に立ち、〝食〟と〝健康〟そして〝いのち〟のために働き、明日のよりよい生活に貢献します」と宣言しています。

今では、同社の「うま味調味料」は世界中で生産され、消費されるまでになっています。ヨーロッパで12万トン、日本を含むアジア・オセアニアで60万トン、北中南米で10万トン、中国73万トン、アフリカ5万トン以上の実績です。

なぜ、味の素㈱は、このように世界進出に成功したのでしょうか。

それは「うま味」という人類共通の嗜好欲求を、現地の人々に、現地の風土、現地の食文化、現地のメニューを尊重する形で、徹底して現地に溶け込んだやり方で普及に努めてきたからに他なりません。

誰でも気軽に買えるようにする

☞ 1コインで1ユニット（小袋）の提供。

タイでは1バーツで10g単位（日本円で2〜3円）で販売し、フィリピンでは0.5ペソ（約1円）で2.4g、インドでは1ルピー（約2円）で2.5g、ナイジェリアでは5ナイラ（約3円）で10g……といった具合です。これなら、現地の貧しい人でも、気軽に買って、試してみることができます。

どこでも買えるようにする

☞ 地域の小売店のどこでも売っている状況に。

最寄りのお店が屋台の小売店であろうと、街の市場であろうと、どのお店に行っても買えるようにするために、現金取引で製品を少量単位でも売ることで、物流や小売チャネルなどの社会的インフラが未整備な発展

CHAPTER ④ ソーシャル・マーケティングについて考えよう!

味の素の世界的なソーシャル・マーケティング

― 日本を代表する総合食品企業 ―

味の素(株)

貧しい途上国の人々にも「おいしさ」を提供!

長い実績! 　　高い評価!

うまみ調味料の小袋提供

農業活動の自立支援活動

- 途上国の貧しい人々へ「おいしさ」を届ける!
- 小さな流通チャネルを大切にする!
- 原料生産の過程を通じた農業の自立支援!

息の長い活動で、現地に溶け込み、「食」と「健康」に寄与する上で大きな実績を上げています。

途上国でも事業展開ができるというわけです。

「おいしさ」を実感して「うま味調味料」を知ってもらうようにする

☞実際に「うま味調味料」を試してもらう機会を作らなければ、その存在を知らない消費者は買ってくれません。そのために、「試食キャラバン活動」をあらゆる機会に行ない、現地メニューでの試食キャンペーンを行なっています。

また、「うま味調味料」を説明したリーフレットを付けた製品をサンプリング活動で手渡ししています。

また、活動は川下の小売店や消費者に向けて行なうばかりではありません。

川上の原料生産者(農家)に対しても、「うまみ調味料」の原料である「さとうきび」「とうもろこし」「米」「小麦」「キャッサバ」「サトウダイコン」「サゴヤシ」などの栽培の仕方、肥料、手入れ、収穫に至るまで、現地での支援活動を行ない、農業従事者の自立的生計が立つよう指導を行なっているのです。

さらに、味の素㈱では、CO_2削減や環境保全の立場から、栽培活動は「資源循環型生産工程」に基づき、原料の有効利用サイクルを作っています。

以上、簡単に見てきたように、味の素㈱は、地球規模でのソーシャル・マーケティング活動を息長く、コツコツと続けてきたことにより、現地での信用を育み、消費者の支持を得るに至っているのです。

ソーシャル・マーケティング活動が軌道に乗ってくると、さまざまな好循環が期待できるゆえんなのです。

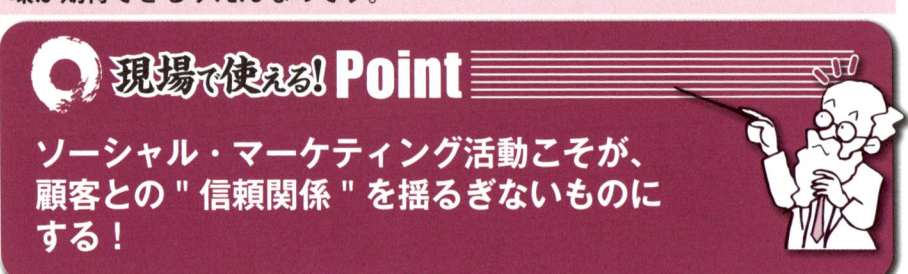

現場で使える！Point

ソーシャル・マーケティング活動こそが、顧客との"信頼関係"を揺るぎないものにする！

CHAPTER 5

マーケティングの成功＆失敗例

ペプシコーラにみるマーケティングの成功例

**果敢なプロモーションでコカコーラに迫った
ペプシコーラの挑戦物語!**

コカコーラとペプシコーラのマーケティング戦争って何ですか?

　世界のマーケティング史に残る出来事として、今も語りつがれるのが、1970年代後半から90年代にかけてのコーラ戦争です。

　市場のリーダー企業コカコーラに対して、チャレンジャー企業であるペプシコーラが、激しく執拗なプロモーション攻勢をかけた結果、ペプシはコカコーラ社を逆転し、一時は米国において業界の覇者に躍り出たことがあったのです。

　米国で生まれたコカコーラの販売開始は、1886年（明治19年）でした。

　次いで、ペプシコーラの発売は、遅れること7年の1893年（明治26年）です。

　もちろん、両社とも、発売当初から売れていたわけではありません。

　両社は、時間をかけて他のコーラ会社や飲料メーカーに打ち勝って成長し、飲料メーカーとしては、米国で押しも押されもせぬ地歩を固め、2大飲料メーカーというライバル関係を築いたのでした（ペプシコーラは2度も経営危機を経験するも不死鳥のように甦っています。コカコーラよりも量を増やして廉価作戦で巻き返しを図ったり、コカコーラの味に近づける作戦をとるなど、常にコカコーラに対抗意識を燃やすことで成長してきた企業というイメージがありました）。

　やがて、世界戦略も手掛けるようになった両社でしたが、米国においても、世界市場の売上においても、常にリーディングカンパニーはコカコーラ社のほうでした。

　米国民の間でも、ペプシを販売するペプシコ社は、コカコーラに次ぐ永遠の

2番手メーカーという位置づけに置かれたままだったわけです。

1974年、ペプシコーラは、マーケティングリサーチの一環で、街頭での目隠しテストを実施します。コカコーラとペプシコーラを飲み比べて、どちらがおいしいかというテストでした。

この結果が、ペプシコーラをやる気にさせます。

ペプシコーラのほうが、おいしいと選ぶ人が多かったからです。ペプシコーラは、この結果をどう消費者に伝えるべきか考えます。

結果として選んだのが、「ポジショニング戦略」でした。

もとより、コカコーラもペプシコーラも、流通チャネルは、フランチャイズのボトラーを通す仕組みです。

本社の行なうべき戦略は、4P（製品・価格・プロモーション・流通）のうち、「製品（Product）」と「プロモーション（Promotion）」と「価格（Price）」の3つです。

しかし、「価格」や「製品」は、よほどのことがない限り、いじることはできません。迂闊にいじって、イメージを毀損したのでは大変です。

となると、常に取り組むべきは、挑戦的な「プロモーション」ということにならざるをえないでしょう。

そこで翌年、そのまま目隠しテストをテレビコマーシャルに取り入れることにしたのです。

そのうえ、コカコーラは古臭い飲み物と言わんばかりに、若い世代や有名人は、実はペプシのほうが好きなんだ——というキャンペーンを打ったのです。

これが、巷の話題となったのは言うまでもありません。

ペプシコーラは、人々の心に、以下のようなイメージを植え付けようとしたわけです。

「コカコーラを選ぶ人は保守的で古臭い」「ペプシを選ぶ人は革新的で先端派」

このポジショニング戦略が70年代後半になると次第に浸透を見せます。そして、やがてペプシはコカコーラをガンガン追い詰めるようにまでなるの

です。

　80年代に入ると、ペプシの攻勢はますます勢いを増し、83年末には、人気絶頂のマイケル・ジャクソンと、一連のテレビコマーシャルでの大型契約を結びます（84年２月のCM撮影では頭頂部に火傷まで負ったことが有名）。

ペプシコーラが成功した要因とは何ですか？

　さて、当時、コカコーラ社は、どうしていたのでしょうか。

　実は、ペプシの目隠しテストに対抗すべく独自の調査を行ない、巨額の投資で数十万人規模の消費者テストを行ない、絶対にペプシに負けない新しいコーラの味を開発していたのです。

　その結果として、ついにコカコーラ社は、「素晴らしい味」を開発します。そして、1984年４月、コカコーラ社は、満を持してそれを発表します。

　コカコーラの味を変え、「ニューコーク」として発売することにしたのです。

　コカコーラ社は、ただちに一大キャンペーンを行ないます。一気に、ペプシを引き離す作戦に出たわけです。

　ところが、消費者の反応は鈍く、「ニューコーク」は売り上げが伸び悩み、やがて売り上げを激減させてしまいます。

　街には、消費者によるコカコーラの味を変えたことに対する抗議デモまでが起こり、「ニューコーク」に反対するスローガンのＴシャツまでが売れはじめる事態になったのです。

　コカコーラ社にとって、予想だにしなかった、信じられない状況が起こってしまったのでした。そして、あろうことか、コカコーラは、ペプシコーラとの売上逆転までを許してしまうのです。

　ペプシがコーラ戦争で、コカコーラを打ち負かすという大事件でした。

　巨費を投じて、市場調査を長期間にわたって行ない、絶対の自信を持って打ち出した結果がこれだったのですから、コカコーラ社は衝撃を受けました。

　結局、コカコーラ社は、わずか３カ月後には「コカコーラクラシック」とし

CHAPTER 5 マーケティングの成功&失敗例

コーラ戦争

(1970〜1990年代)

(リーダー) （チャレンジャー）

コカコーラ VS **ペプシコーラ**

《ペプシチャレンジ》

効果！ ← 目隠しテスト

効果！ ← ペプシは先端

効果！ ← マイケル・ジャクソン起用

新しい味 ニューコーク発売！ → 効果ナシ！

一時ペプシが逆転首位に！

コカコーラ・クラシック → 再逆転！

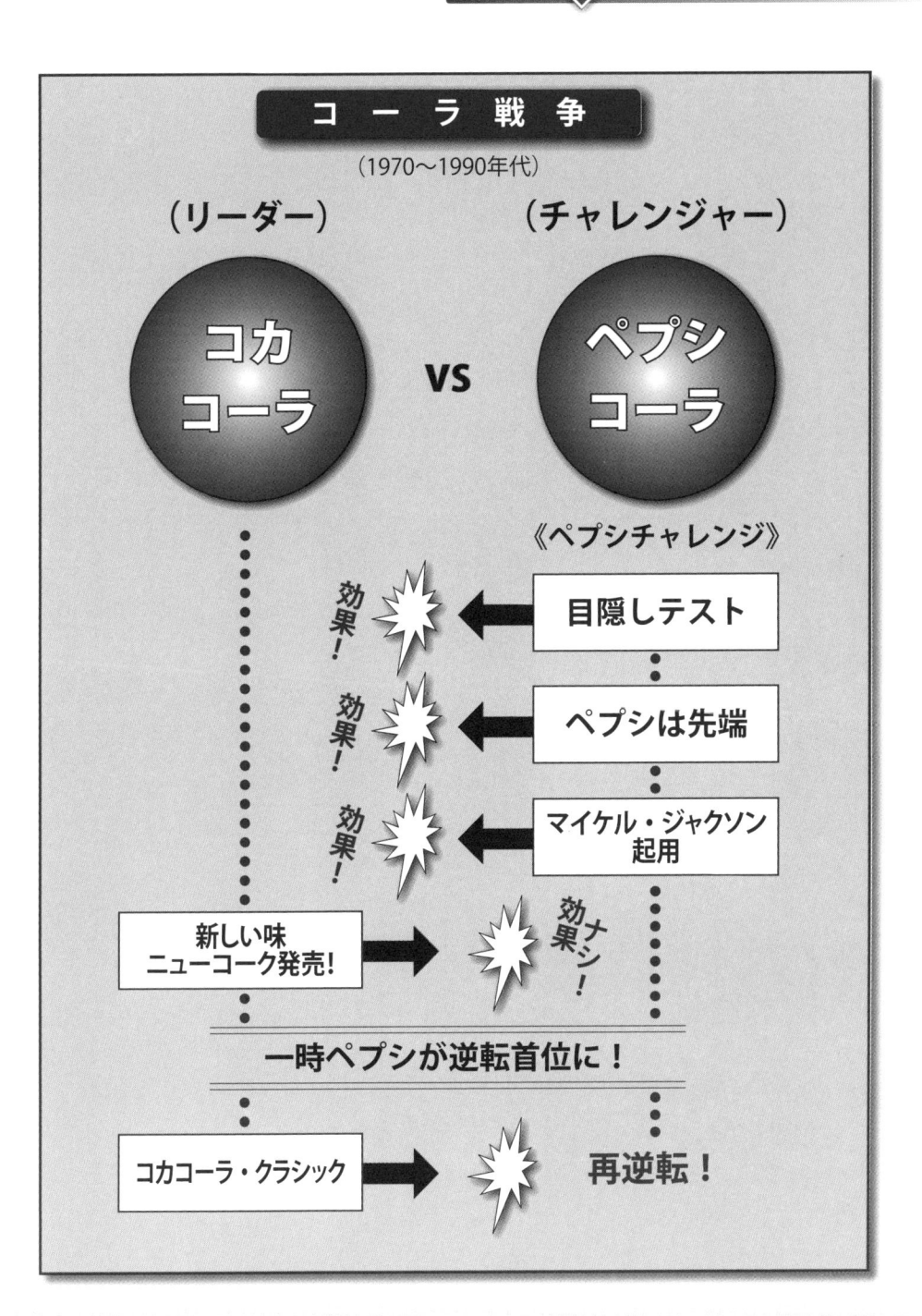

て、元の味を復活させざるを得なかったのです。

　これが、マーケティング史上、非常に有名な「コカコーラの失敗」と呼ばれる現象です。

コトラー理論はコカコーラの失敗をどう分析していますか？

　コトラーが指摘しているように、マーケティング・リサーチは万能ではないことがここでも証明されました。

　人々は、100年近く前からの、コカコーラの伝統の味こそを愛していたのです。

　余談ですが、これら一連の「ペプシチャレンジ」と呼ばれたキャンペーン戦略や、プロモーション実施計画を指揮していたのが、ペプシコの社長にまでのぼりつめることになったジョン・スカリーという人物でした。

　この人物の手腕を見込んだ当時のアップル創業社長のスティーブ・ジョブズは、ジョン・スカリーに接近して、アップル社の社長に引き抜こうと画策します。

　そして、スティーブ・ジョブズは、ジョン・スカリーにこう言います。

　「一生、砂糖水を売って生きていくつもりか？　それとも世界を変えるチャンスをつかみたいか」と挑発的な言辞で、ジョブズはスカリーを口説いたのでした。

　1983年にジョン・スカリーはアップル社に引き抜かれ、アップルの社長に就任します。

　翌年のマッキントッシュ発売に、スカリーがめでたく立ち会えたのは言うまでもありません（こののち、2年後にスカリーはジョブズと対立し、取締役会の全員一致の議決でジョブズをアップルから追い出します。しかし、スカリー自身も1993年アップル社の業績悪化の責任を取る形で辞任。その後、ジョブズは96年にアップル社に復帰し、97年社長に就任してその後のアップルの快進撃につなげたのはご承知の通りです）。

CHAPTER 5 マーケティングの成功＆失敗例

コカコーラの優位性は？

100年近い歴史で育まれた

伝統の味 ← 最大の強み

↓

もともとポジショニングに成功していた！

にもかかわらず…

※ペプシは4Pのうち、「プロモーション」戦略でコカコーラを追い上げ、コカコーラは4Pのうち「プロダクト（製品）」戦略で対抗しようとしたことが失敗の要因に！

↓

★コカコーラ本来の味こそが絶対の強みだった！

この有名なコーラ戦争は、日本でも行なわれました。

　日本には、コカコーラよりもペプシコーラの参入のほうが1年早かったのですが（ペプシが1956年、コカコーラが1957年）、やがて1965年に缶入りコーラを先行させたコカコーラが市場シェアを奪っていきます（ペプシの缶入りコーラは1967年の発売）。

　日本でも70年代後半から、テレビコマーシャルで、ペプシコーラによる比較広告が流されました。

　米国でのコマーシャルと違って、日本ではコカコーラを名指しで取り上げることは、規制もあって回避されましたが、当時コーラといえば、コカコーラとペプシコーラしか知らなかったのですから、消費者はペプシのコマーシャルを面白がって見ていました。

　しかし、日本では、その後コカコーラ社が、テレビコマーシャルで火をつけたヨーヨーブームや、自販機戦略（日本最大の自販機設置網を築き上げた）によって、コカコーラ社がリーダーカンパニーの地位を確保していきます。

　さて、2012年には、日本の飲料メーカーであるキリンビバレッジ㈱が、新しい価値をもったコーラを発売しています。

「キリンメッツコーラ」です。

「特保」の指定を受け、食事の時の脂肪の吸収を防いでくれるという効果が期待できるコーラなのです。

　新しいコーラ戦争勃発なるかと、業界も注目するところとなっています。

　日本人としては、キリンの新しい機能性コーラが、市場にどこまで浸透していくのか、大いに期待したいところでしょう。

現場で使える! Point

マーケティング・リサーチは万能ではない。
顧客は慣れ親しんだものにこそ愛着をもつ。

ロイヤルブルーティーにみるマーケティングの成功例

磨き上げた商品力によって独特のビジネス展開を成功させている企業があります。

究極の価値を追い求めたマーケティングとは何ですか？

　読者の皆さんは、抽出された緑茶や紅茶が、ワインボトルに瓶詰されて、数千円から20万円前後もする価格で売られており、しかも、こだわりのある人たちに非常に高い人気を呼んでいる——と聞いたら驚かれるでしょうか。

　ロイヤルブルーティージャパン㈱という日本の会社が、ブランディングを極めた結果、そうしたビジネスを実現しているのです。

　この会社の起源は、手摘み高級青茶に造詣の深かった佐藤節男さんという人が、個人事業主としてティースクールやティーサロンを開いていたことから始まっています。

　のちに事業に共鳴したグラフィックデザイナーの吉本桂子さんが代表となり、2006年に佐藤さんとともに設立したのが現在のロイヤルブルーティージャパン㈱なのです。

　もちろん、特別な高級品の製造販売ですから、マーケティング・チャネルは直販に絞られ、ネットを通じた通信販売が主体です。

　最近では一部国内の一流百貨店などでも扱われていますが、店頭での販路は限られています。

　では、まず同社ホームページに記載された商品を一部紹介してみましょう。

　販売価格が税込21000円の「農林水産大臣賞連続受賞　北海道洞爺湖サミット献上茶園」です。年に一度しか茶摘をしない茶畑で生まれた製品です。

紹介項目を見てみましょう。

『1本750ml　茶飲料　冷蔵　縦置き保管
　タイプ：緑茶（煎茶/天竜茶）　品種：やぶきた　茶葉の故郷：太田昌孝名人の茶園　静岡県浜松市天竜　栽培法：自然仕立　摘採：手摘　製茶：太田昌孝・勝則』

〜煎茶の最高峰「天竜茶」とは「遠州・山のお茶」と呼ばれ、静岡県西部を流れる天竜川上流域に位置し、壮大な自然の中で栽培されているお茶の総称。朝霧かかる茶園で採れるお茶は山間地特有の香りが高く、また寒暖の差が大きいため味わいも濃厚。中耕を必ず行なっている茶園。摘採は生葉を痛めないように芽を揃えて短時間で行なうよう注意を払っている。製茶では均一な蒸しを心がけ、上乾きしないよう風量・加重に注意している。高品質な茶生産のために茶園づくりに重点を置き、山草を多く投入して環境に配慮した栽培管理を行なっている。
　地域のリーダーとして茶園整備と品種の導入にも積極的に取り組み、高品質な品種の栽培や製造法を目指し品種の再改植を行なっている。
　山間地にあった品種の選定を進め特徴のあるお茶の生産に取り組む。

——品書きは以上の通りです。
　非常に精魂込めて、お茶づくりにこだわっている姿勢が伝わってきます。同社は、緑茶だけでなく、紅茶の輸入品も扱っていますが、いずれも「一芯二葉」という茶摘みの方法にこだわっています。
　「一芯二葉」とは何でしょうか。
　昔から、茶摘みは手作業で行なわれていますが、良質な茶葉の摘み方は、「一芯二葉」とされているのです。
　お茶の葉は、芽が開いて、葉となって成長しますから、枝先にある葉ほど、新しいものになります。フレッシュリーフと呼ばれるゆえんなのです。

CHAPTER 5 マーケティングの成功&失敗例

ロイヤルブルーティーのこだわり

ワインボトルに瓶詰された抽出茶！
数千円以上の高給高額商品！

希少性 …
- 年に一度しか茶摘をしない茶畑
- 「一芯二葉」のこだわり（フレッシュリーフのみ）

⬇

流通チャネルは限定

ネット通販 ＋ 一部の一流百貨店

⬇

美味しい ＋ 香ばしい ＋ 繊細

⬇

ブランディング戦略の成功！

つまり、下のほうの古くなった葉ほど、全体に肉厚になり、香ばしさが劣るというわけです。大量に収穫しなければならない時には、当然のことですが、上のほうの部分の葉から、下のほうの葉までをまとめて摘んでしまいます。
　しかし、こうした方法では味の繊細さがなくなってしまうのです。
　美味しく、香ばしく、繊細なお茶の味を出せる葉は、お茶の木の先端部分にあるというわけなのです。
　そこから「一芯二葉」や「一芯三葉」という摘み方が生まれているのです。
　茎の一番先端にある芽の部分と、すぐ下にある２枚の若葉を摘み取る方法を「一芯二葉」と言います。
「一芯三葉」となると、茎の部分も加わりますから、収穫分量は「一芯二葉」の２倍以上となります。
「一芯三葉」は、もはや最高級茶葉とは言えないのです。
　日本茶の場合、「玉露」や「煎茶」の最上級の高級品は、すべて「一芯二葉」です。
「一芯三葉」は普通の高級品、「一芯四葉」や「一芯五葉」は中級品です。
　ただし、四枚目、五枚目のお茶が、不味いのかというと、必ずしもそうではないところが、お茶の味の奥深さです。
　古い葉ほど、太陽をたっぷり浴びてきた分だけ、茶カテキンは豊富です。
　また、葉が厚く固めなので、冷水で抽出すると、さっぱりとした味わいで、いくらでもごくごく飲める爽やかさがあるのです。

　いずれにしろ、このようなお茶の世界の奥深さに注目して、栽培地や栽培法に徹底してこだわる製法により、「ロイヤルブルーティー」のブランド価値が作られてきているのです。

満足度と心理的要因って関係あるのですか？

　こうした高額な高級品を購入した人々には、独自の効用と満足が得られます。心理学で説明されている現象を紹介しておきましょう。

1つ目は、「希少価値・限定効果」です。
限定品は、それだけで得がたい価値があるとする心理作用がはたらきます。

2つ目は、「ウェブレン効果」です。 自己顕示欲が満たされる「見せびらかしたい」心理によって、高価で高級なモノほど保有したくなるのです。

3つ目は、「連合の原理」です。 高価で高級なモノを持つにふさわしい自分という結びつきの心理がはたらき、それが満足度につながります。

4つ目は、「敬礼報酬の心理」です。 高価な贈答品を相手に贈ることで、相手に自分の敬意と好意を感じ取ってもらい、自分への評価を上げてもらいたいという心理がはたらきます。

日本では、このような高級・高価格ブランド戦略がとれるのは、大手企業ではトヨタのレクサスぐらいです。

大手企業の家電メーカーなどは、高機能・高付加価値の製品を作りながら、安売り戦略を取らざるを得ない構図になっており、近年アジアの新興国では、低機能・低付加価値に絞ったメーカーによる格安製品の攻勢の前で、太刀打ちできなくなってきています。

発展途上国では、コストの安さが圧倒的な優位をもたらすからなのです。

イタリアやフランスといった海外企業の世界戦略では、ブランド化戦略が功を奏しています。

日本企業もブランド化への戦略が求められるようになってきたのです。

そんな中、日本で、ブランド戦略を打ち出して勝負しようという企業が、中小企業の中から生まれてきているのは、非常に示唆に富んだこととも言えるでしょう。海外の富裕層は、前述の「ロイヤルブルーティー」などを、非常に喜ぶからなのです。

こうしたブランド化の試みは、米や野菜といったコモディティー商品といわれる分野でも、生まれつつあります。

また、神戸・灘の「沢の鶴」からは、30万円を超える日本酒が売られ、海外で人気を呼んでいます。

ロイヤルブルーティー㈱のブランド戦略に学ぶところは多いのです。

高級・高額ブランド品を買う心理とは？

- **希少価値・限定効果** …… 「ステキ！ぜひ私もほしいわ」「簡単に手に入らない…」（満足感）

- **ウェブレン効果** …… 「ウフフ♡ こんなにスゴイのもってたら…」「みんな何て思うかしら…」（満足感）

- **連合の原理** …… 「私だからこそもつにふさわしい！」「ブランドは人を選ぶってね、ワハハ」（満足感）

- **敬礼報酬の心理** …… 「コレをあの方に贈ったら…」「きっと恐縮してボクのことを見直すに違いないな」（満足感）

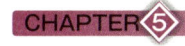

㈱リブセンスにみるマーケティングの成功例

今までにないユニークな仕組みを構築したビジネスを見てみましょう！

「成果報酬型」ビジネスモデルの創出ってどういうことですか？

　2011年12月、東証マザーズに上場した㈱リブセンスという会社をご存じでしょうか。インターネット・マーケティングのサイト運営会社です。

　この㈱リブセンスが運営する「ジョブセンス」という求人サイトは、一見すると、すでにネット上に多数存在する求人サイトの一つにすぎません。

　しかし、他の求人サイトとは、まったく異なる特徴がありました。

　それは、㈱リブセンスの求人サイトを利用して人を募集しても、募集するだけなら企業側に負担が発生しないという新しい仕組みを構築したからです。

　実際に人を採用するまで、企業側に費用がかからない――という「成果報酬型」の求人サイトは、これまで存在しなかったのですから、画期的なことだったのです。他の求人サイトは、人の募集をする段階、つまりサイトに企業名を掲載するだけで掲載費用が発生しますから、人を採用できなければ、それだけで損失が生まれてしまいます。

　つまり、企業側にとっては、人を募集する行為そのものが、いつもリスクと背中合わせの状態にあったわけです。

　中小企業にとっては、これはかなり痛いリスクでした。

　しかし、㈱リブセンスの求人サイト「ジョブセンス」なら、費用がかからないのですから、それだけ求人企業もサイトに集まりやすくなるのです（2006年4月にネットでの情報掲載を始めた当初は、「応募があったら料金を徴収する」仕組みだったものの、顧客企業から「採用できたら」に変更してほしいと希望

され、『採用できたら料金徴収』のモデルに変更した経緯がある）。

　多くの求人企業が軒を連ねる求人サイトなら、仕事を求める人たちも殺到するでしょう。

　㈱リブセンスでは採用の確認のために、求職者側にもインセンティブを設けています。求職者は、採用が決まれば㈱リブセンスから「祝い金」が支給される——という仕組みがあるのです。

　祝い金がもらえるのですから、㈱リブセンスには、必ず採用報告が届きます。この仕組みがあることで、企業側から採用の自己申告がなくても、㈱リブセンスは成果報酬を企業側に漏れなく請求することができるわけです。

　このように、求人企業側にとっても、求職者側にとっても、ウィンウィンの関係が構築されているところが、極めてユニークなアイデアの賜物だったのです。

　この好循環が回り始めれば、ネット上の求人市場を一気に独占できる「先行優位性」も期待できるでしょう。

　そこが、この会社の将来性として高く評価されるゆえんにもなっているのです。

　現在、㈱リブセンスのインターネットメディア運営は、求人だけでなく、他に不動産・中古車を加えた３領域にわたって、同様の仕組みが機能しています。

　ちなみに、2012年３月末時点での各サービスの料金体系は次のようになっています。

※アルバイト求人サイト「ジョブセンス」：１人採用につき30000円〜。
※正社員求人サイト「ジョブセンスリンク」：１人採用につき年収の10％〜。
※派遣求人サイト「ジョブセンス派遣」：１登録5000円〜。
※不動産賃貸情報サイト「DOOR賃貸」：１問い合わせ3500円〜。

　サイト内での掲載順位を上げるには、上記のサービス単価を上げればよいこ

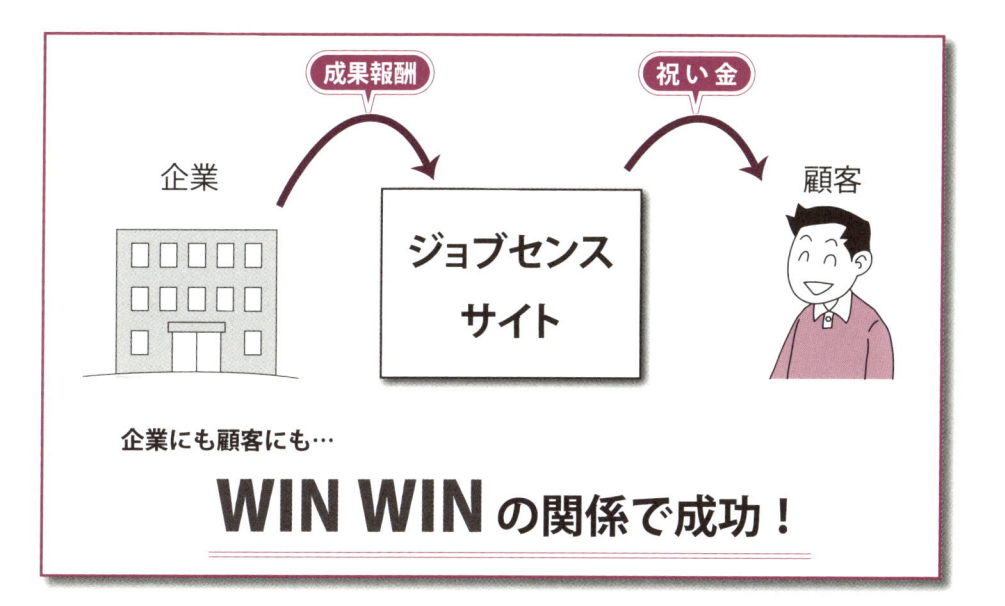

CHAPTER 5 マーケティングの成功&失敗例

成果報酬　祝い金

企業　→　ジョブセンスサイト　→　顧客

企業にも顧客にも…
WIN WINの関係で成功！

とになっています。

2012年3月末現在、㈱リブセンスのサービスを利用している企業数は、15000社超に及び、利用ユーザー数は、月間約1000万人以上です。

利用企業数もユーザー数も増え続けています。

コトラーのどんな戦略が活用されているのですか？

コトラーのマーケティング理論に当てはめると、製品イノベーションでいう「ラテラル・マーケティング」を成し遂げた事業モデルということができるでしょう。

コトラーは、製品イノベーションには、既存製品に垂直に改良を加えて付加価値を増す「バーティカル・マーケティング」と、既存の製品やサービスの概念そのものの枠を超えることで、まったく新しい価値を生み出す水平思考の「ラテラル・マーケティング」の手法があることを指摘しています。

㈱リブセンスは、「求人企業」と「求職者」という双方の顧客に、今までに

なかった価値を提供していることが窺えるでしょう（ラテラル・マーケティング）。

イノベーション・マーケティングの見事な成功事例となっているのです。

近年のわかりやすい例で挙げると、従来の古書店業界のビジネスモデルの概念を超えた本の買い取り・販売システムを作り上げたブックオフ・コーポレーションの成功例や、従来の喫茶店というビジネスモデルの概念を超えた「ネット・カフェ＆漫画喫茶」の成功例があるわけです。

さて、このユニークな㈱リブセンスという会社は、株式上場にあたって、代表取締役社長の村上太一さんが、1986年10月生まれの25歳という若さでも脚光を浴びましたが（史上最年少上場社長）、こうした画期的なビジネスモデルにこそ、注目が集まっていたわけなのです。

村上社長が、この会社を興すキッカケとなったのは、早稲田大学政治経済学部の1年生の時にさかのぼるそうです。

当時大学側が募集した「ベンチャー企業家養成基礎講座」のビジネスプラン・コンテストに応募して、見事「最優秀賞」を受賞したのです。

受賞のご褒美は、大学構内の施設を1年間、事務所として使えるというものでした。これを機に、村上社長は06年、大学1年生の19歳の時に、友人2人と一緒に、3人の資本金300万円を元手に会社を設立したのでした。

事業アイデアの元になったのは、村上社長が高校生時代、アルバイト探しに苦労した経験から、もっと顧客目線に立った求人サイトが作れないものか——という気づきがキッカケだったそうです。

しかし、サイトさえ作れば、すべてがうまくいくと考えていたものの、船出はけっして順調ではなかったのでした。毎日、5～8社程度に営業をかけ、企業に求人募集を掲載してくれるよう、はたらきかけて、ページビューを向上させるための努力が続けられたのです。

そんな苦労ののち、結果的にたどり着いたのが、自前で開発したSEO（検索エンジン最適化）でした。

特定の検索エンジンを対象に、検索結果が上位に現れるソフトなのです。

CHAPTER 5 マーケティングの成功&失敗例

コトラー流・製品イノベーションの2つの手法

バーティカル・マーケティング
（Vertical Marketing）

↓ 垂直思考

※既存製品を改良・改善する

★ シャンプー ＋ リンス → シャンプー&リンス製品

★ テレビ ＋ ビデオ → ビデオ一体型テレビ

ラテラル・マーケティング
（Lateral Marketing）

↓ 水平思考

※全く新しい価値を生み出す

★ 喫茶店 ＋ 漫画 ＋ インターネット → ネットカフェ

★ 書店 ＋ 古書店 ＋ リサイクリング → 新古書店

これによって、「アルバイト」「バイト」と検索するだけで、「ジョブセンス」のサイトが上位に表示される仕掛けが構築され、「ジョブセンス」は次第に利用度が上がっていきます。

　ちなみに、㈱リブセンスの2011年12月期の業績は、売上高11億3449万円、営業利益5億1876万円で、営業利益率は45.7％にのぼる高収益体質を誇っています。2012年3月末の正社員数41名、アルバイト数22名の陣容でこれだけの実績を上げ、業績は右肩上がりを続けています。

　創業以来、銀行等による有利子負債もなく、来期は売上高17億7700万円、営業利益7億1900万円を見込んでいるのです（営業利益率40.5％、2012年2月14日発表の数字）。株価も上場以来好調に推移するゆえんなのです。

　一般にネットビジネスの会社は、営業利益率が高いことで知られていますが、ヤフーの54％、グリーの50％、カカクコムの48％、ディーエヌエーの42％と比較しても遜色ない数値です（楽天は20％前後、スーパーや百貨店などの小売業平均は3～5％、薄利多売の家電量販店は3％前後です）。

　ネットの優位性を生かした顧客志向ビジネスが、デフレ不況下の日本にあって、効率性の高い経営環境を保ち、成長していることが如実に窺えるのです。

> イノベーションはどんな場面でも重要な事じゃ

現場で使える！ Point

バーティカル・マーケティングの手法は、すでに出尽くし、ラテラル・マーケティングにこそ可能性がある！

CHAPTER 5 マーケティングの成功&失敗例

お茶の「伊藤園」にみるマーケティングの成功例

まったく「新しい市場」を生み出すことで
顧客に価値を提供した例に学ぼう!

新市場を開拓して成功した事例ってありますか?

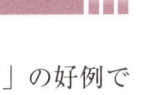

　さきほどの㈱リブセンスの成功は、「ラテラル・マーケティング」の好例でした。次に見ていただく事例は、製品開発に始まって、流通チャネル、プロモーション、ブランディング、ポジショニングにいたるまでを、見事に成功させてきた企業「伊藤園」の軌跡を追ってみたいと思います。

　㈱伊藤園といえば、緑茶ペットボトルなどの日本茶の製造メーカーとして、また、各種飲料を製造・販売する企業としておなじみです。

　同社は、老舗メーカーが居並ぶ製茶業界では、とても新しい会社です。

　しかし、同社を創業した本庄正則社長の経営手腕により、伝統的な業界に次々と新製品を打ち出して、製茶業界のみならず、日本の代表的飲料メーカーにまで成長してきたのです（1位コカコーラ・グループ、2位サントリー、3位キリンビバレッジに次ぐ4位）。

　2012年4月期のグループ連結売上高は3692億8400万円、営業利益180億円（営業利益率5.1%）となっています。

　㈱伊藤園の前身は、1966年に本庄社長が設立した「フロンティア製茶㈱」です。伝統を重んじる製茶業界にあっては、小さな新参者にすぎず、やがて1969年に上野にあったお茶屋「伊藤園」の屋号を譲り受けます。

　㈱伊藤園は後発のため、当初から市場開拓にあたっては、流通チャネルを広げていく必要を感じていました。

　当時、お茶は、商店街のお茶屋さんで買うモノでした。店頭の透明ケースに

伊藤園の成功戦略（その1）

コトラーの **TOWS分析**（31頁）に当てはめると……

T（外部環境の脅威） ･････ 緑茶業界では「新参者」。ゆえに流通チャネルが弱かった（当時、お茶はお茶の専門店が扱う商品だった）。

O（外部環境の機会） ･････ 食料品店やスーパーチェーンへのパック入り製茶での参入方法がある。

W（内部環境の弱み） ･････ 事業基盤が弱く、資本の蓄積がなかった。

S（内部環境の強み） ･････ 伝統にとらわれない発想力、チャレンジ精神、行動力は他の製茶メーカーにはなかった。

⬇

発想と行動力 ＋ **技術力**

⬇

食料品店やスーパー向けに、鮮度保持のできる真空パック詰め製茶を売り出し、新市場を開拓した。

入った各種の茶葉の色を物色し、価格と分量を決めて、その場で包装してもらうのが普通でした。サービスの良いお店では、試飲してから指名買いができるなど、当時は店頭での接客中心で製茶を販売するという、「量り売り」方式が一般的だったのです。しかし、これでは、「伊藤園」という社名もブランドも意味をもちません。

そこで、製茶を袋詰めにして、食料品店で売ってもらおうと考えたのです。

1972年にスイスから高速自動包装機を導入し、鮮度が保てる真空パック詰めした製品を売り出します。

　当時は、中身の茶葉も見えず、試飲もできない袋詰めパックのお茶などは、一般の消費者が買うはずがないだろうというのが、業界の常識でした。

　しかし、スーパーなどの量販店では、これがかえって便利さにつながり、㈱伊藤園の狙いは成功するのです。

今では、当たり前のお茶の買い方になっていますが、こうした方式に先鞭をつけたのが、㈱伊藤園だったのです。

しかし、70年代に入るとともに、経済成長もすすみ、さまざまな飲料が日本の食生活の場にも登場するようになります。

急速な洋風化の波もあって、日本人が家で、急須にお湯を注いでお茶を飲むという習慣も、徐々に少なくなっていったのも事実でした。

そこで、㈱伊藤園では、お茶のバリエーションを広げるべく、1979年には、日本ではじめて中国から輸入したウーロン茶の茶葉を売り出します。

そして、いよいよ1981年には、「缶入りウーロン茶」を発売するのです。

製茶メーカーから、飲料メーカーへとウイングを広げたのでした。

これも、目論見が当たります。健康的なイメージもあって、ウーロン茶は飲料茶のドリンクとしての地位を固めていったからです。

具体的に伊藤園はどんな作戦に出たのですか？

㈱伊藤園としては、当然、次には本業の緑茶でも勝負に出る機会を窺います。

しかし、日本人の感覚では、お茶はわざわざドリンクとして買うものではない——というのが当時の常識でした。なにしろ、飲食店では、タダでお茶をサービスしてくれますし、お代わりだってタダなのです。
　緑茶を缶入りにしたって、売れるわけがないというのが、世間の常識であり、㈱伊藤園の社内でも常識だったのです。それだけではありませんでした。技術的な問題もあったのです。緑茶をそのまま缶詰めにすると、たちまち酸化によって、お茶の色が、緑色から茶色に変化してしまうのです。当然、風味も落ちてしまい、まずくなり、健康的にも問題です。
　長期間にわたって、色も味も、風味も変わらないようにするにはどうすればよいかという課題もあったのです。
　㈱伊藤園では、当時包装茶にも、業界ではじめて「製造年月日」や「賞味期限」を入れて販売するなど（1981年）、消費者志向をますます強めていたのですから、何としても、おいしいドリンクとしての「緑茶」を世に出さなければ使命が果たせません。試行錯誤の結果、㈱伊藤園は1985年に「T−N ブロー製法」という技術によって、缶内の酸素を除去して、変化しない緑茶の開発に成功し、「缶入り煎茶」を発売します。
　しかし、世間の常識通り、当初この缶入り煎茶は、なかなか売れませんでした。世の中の常識が変わるのには、少し、時間が必要だったのです。
　同年には「伊藤園レディスゴルフトーナメント」を主宰するなど、ブランド戦略も強化しています。
　翌1986年には、日本経済新聞社の「日経年間優秀製品賞」まで授与されるのですが、まだまだ、缶入り緑茶はブレイクしませんでした。
　風向きが変わり始めたのは、1989年に製品のネーミングを変えてからでした。「おーいお茶」という名称に変え、テレビコマーシャルにも力を入れ、さらにはまったく新しい試みを、製品上で繰り広げたのです。
　「おーいお茶新俳句大賞」です。俳句を募集し、優秀作を製品に掲げるという極めてユニークなアイデアを実践してみせたのでした。
　ここから、いよいよ㈱伊藤園の快進撃が始まったのでした。

CHAPTER 5　マーケティングの成功＆失敗例

伊藤園の成功戦略（その2）

（株）伊藤園では、1979年に缶入りウーロン茶を発売し、ドリンクメーカーに名乗りを上げました。その後、緑茶のドリンクも発売したい希望がありましたが、試行錯誤が続きました。

コトラーのTOWS分析（31頁）に当てはめると……

T（外部環境の脅威） …… お茶はタダで飲めるものなので、わざわざお茶のドリンクを買う人はいないという常識の壁があった。

O（外部環境の機会） …… 品質保持がむずかしいため、他のドリンクメーカーも緑茶ドリンクに手をひろげられない状況があった。

W（内部環境の弱み） …… 社内でも緑茶ドリンクは売れないと考えられており、品質保持の技術がクリアされていなかった。

S（内部環境の強み） …… 製茶業界の常識を打ち破って成功してきた自信。チャレンジ精神と行動力がある。

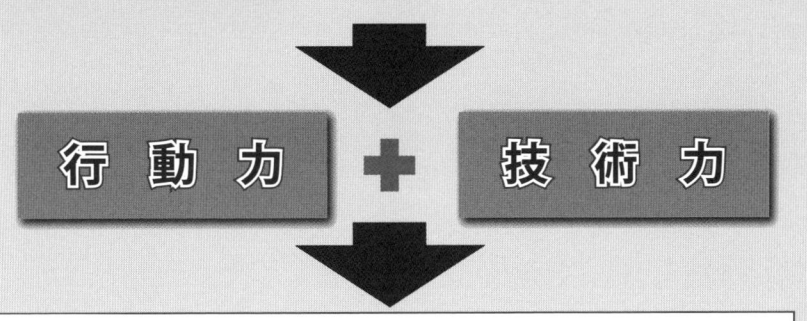

⬇

行動力 ＋ 技術力

⬇

1985年、缶入り緑茶市場に参入。89年ネーミングを「おーいお茶」に変えてブレイク。96年にはペットボトル緑茶も発売！

売上は、1990年に500億円を突破、92年には株式を店頭公開するとともに、新製品「充実野菜」を発売します。93年には業界初の飲料「ナタ・デ・ココ」を発売します。94年には「緑の野菜」を発売、缶入り緑茶の開発に対して「科学技術庁長官賞」を受賞します。

　1995年には売上高1000億円を突破します。

　翌1996年には、特許取得の「ナチュラルクリア製法」技術を確立し、ついに500mlのペットボトルを発売します。

> 　ペットボトルは、缶入りと違って、透明なので中身が見えるという特徴があります。中身が見える場合、お茶は緑茶の成分がオリとなって沈殿し、見栄えが悪いという問題が生じてしまいます。それをマイクロフィルター技術によって解決したというわけです。

　さらに2000年には、ホット対応のペットボトルまで発売します。

　そして翌2001年には、売上高2000億円を突破します。

　2003年には、「おーいお茶」の販売量が緑茶系飲料で1位であるだけでなく、消費者のブランドイメージでも圧倒的1位に選ばれています。

　2005年には、「おーいお茶」の売上伸び率10％増の連続10年の記録も打ち立てます。

　そして、2007年には売上高3000億円を突破します。

　ちなみに、2009年2月には「おーいお茶」の発売20周年を迎え、20年間の累計販売本数は、150億本（500mlペットボトル換算）だったそうです。

　ざっと見ていただいただけでも、どうでしょうか。

> 　「4つのP」が巧みにはたらき、マーケティングイノベーションを実現してきたことが窺えます。

コトラーの提唱する「ウォンツ」と「ニーズ」って何ですか？

　コトラーが指摘するように、「顧客は欲しいものが本当にはわかっていない」ということも、㈱伊藤園の「緑茶ドリンク」の成功で証明されるでしょう。

「ウォンツ」と「ニーズ」を間違えてはいけないということなのです。

お茶は、飲食店でタダで提供されているので、緑茶にはお金を払ってまで買う「ニーズ」はないと考えてしまったのでは、思考停止になります。

それでは、今日の㈱伊藤園の発展はなかったことでしょう。

マーケティング・マイオピア（近視眼）に他ならないからです。

「お茶」は「ウォンツ」であり、コーヒーやサイダー、コーラと同様に「喉が渇いた」という欲望を満たす手段にすぎず、代替がきくものです。

一方、「ニーズ」は、満たされていない渇望感であり、喉を潤したいという欲望（目的）なのです。

甘い清涼飲料水があふれる市場を見た時に、喉を潤したいという「ニーズ」にとっては、甘くない清涼飲料水の選択肢も必要なはずなのです。

このように、「ニーズ」は何かを考えることが、重要だとコトラーは力説しているのです。

　健康的なもので喉を潤したいという顧客の「ニーズ」を考えるところから、スタートしたからこそ、「飲む野菜」というコンセプトの商品までを㈱伊藤園は考案したのです。

さて、㈱伊藤園の強みは、「製茶」という本業です。

しかも、お茶を真空パックする技術や、鮮度や品質を保つ包装で先端を走り、量販店ルートという流通チャネルまで持っています。

これによって、伝統的な製茶業界での、「新参者」という弱みを、強みに変えていったのです。

また、緑茶という今までなかった未知の分野ゆえに、他社はどこもドリンク化を手掛けていませんでした。もちろん、緑茶を緑茶ドリンクとして扱う技術にも、㈱伊藤園は独自のクオリティーを見出します。これが好機としてはたらき、脅威であった他の大手飲料メーカーの追随を許さずにすんだのです。

　SWOT分析してみると、見事なマーケティングが行なわれてきたことがわかります。㈱伊藤園の開拓した緑茶市場は、今では大きく広がっています。

ウォンツとニーズの違いとは？

「ウォンツ」と「ニーズ」の違いは、「ウォンツ」は代替の利くもので、あくまでも手段にすぎないものです。大事なのは「ニーズ」は何かということであり、それは「目的」であり、「欲望」なのです。

ニーズ → ウォンツ

ニーズ	ウォンツ
喉が乾いた。甘くない飲み物がほしい。	緑茶ドリンク、無糖紅茶、無糖コーヒー
どこか旅に行きたい。	鉄道、飛行機、バス、クルマなど
日帰りができて、のんびり時間を過ごせる場所へ行きたい。	スパ施設、スーパー銭湯、リゾートホテル、レンタルスペース、カラオケ等
恋人がほしい。結婚したい。	出会い系サイト、出会いのイベント、出会いのパーティー
気軽に安く本が読みたい。	図書館、電子書籍、新古書店など

現場で使える！Point

伊藤園が成功したのは「顧客が本当に欲しかったもの」をとことん追求したからなのです。

サントリーにみるマーケティングの成功例

マーケティングの上手な会社といえば、サントリーです。新しい文化やトレンドまで生み出す手法に注目です。

「セグメントの再定義」っていったいどんなことですか？

　サントリーホールディングス㈱といえば、2011年12月期の売上高が1兆8000億円にものぼる、日本を代表する飲料・食品の各種グループ企業を傘下に有する大手企業です。

　このサントリーの主力事業は、もともとはウィスキーの製造・販売でした。

　しかし、日本でのウィスキーの需要は、1983年の38万3千klのピークをつけたのち、年々減り続け、2007年には7万5千klと、ほぼ5分の1にまで縮小してしまいます。

　近年は、若者のアルコール離れも顕著ですから、酒類販売全体が、勢いを失ってきているのもたしかということでしょう。

　日本酒も、1975年のピーク時の167万klが減り続けて、2010年には、ほぼ3分の1の59万klになっています。

　ビールも、1994年に706万klのピーク後は減り続け、2010年には、276万klになります。一時は、ビールにとって代わった発泡酒が、多少なりとも補う形だったビール系飲料でしたが、やはり全体ではかなり縮小してきています。

　焼酎が横ばいで何とか健闘し、リキュールやスピリッツ系が緩やかに伸びているだけ——というのがアルコール飲料市場の現状なのでした。

　ところで、ウィスキーの販売数量は、前述のとおり、2007年に7万5千klまで減ったのですが、実は2008年からずっと右肩上がりに変わり、2010年には9万4千klまで、25%も伸び、盛り返してきているのです。

サントリーの「ハイボール」復活実績

《ウィスキー国内販売（消費）数量推移》（単位：千kℓ）

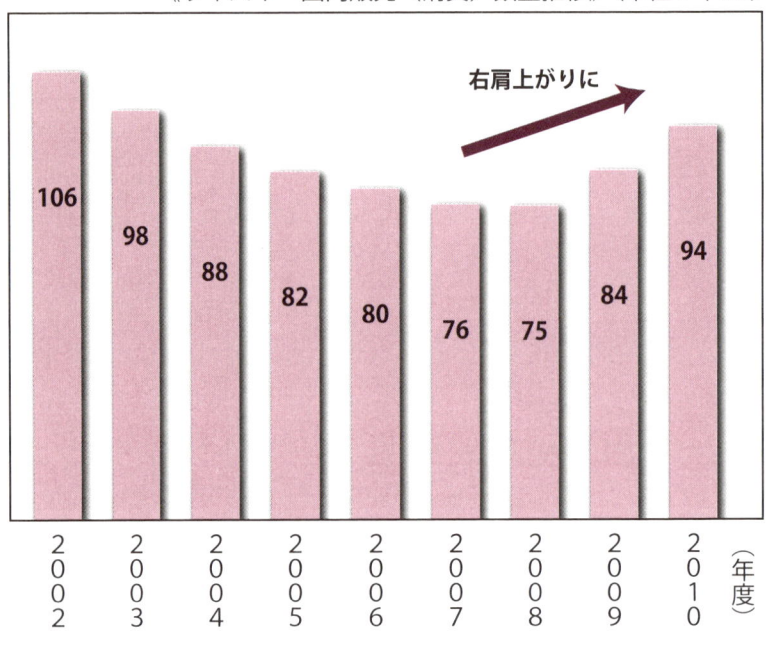

右肩上がりに

年度	2002	2003	2004	2005	2006	2007	2008	2009	2010
数量	106	98	88	82	80	76	75	84	94

トリスバーとは？

1950〜60年代に爆発的人気を呼んだ庶民的なバーでトリスウィスキーをソーダで割ったハイボールが主力商品でした。サントリーが価格を統一したり、PR誌を配布したりで組織化し、最盛期の60年頃には全国で2万軒を超えていたといわれます。学生やサラリーマンの間では「出世酒」と呼ばれる飲み方まであり、一番安いトリスからはじまって、レッド、ホワイト、膳、角、オールド、座、リザーブ、ローヤルと順番に飲んでいくのも流行ったといいます。

CHAPTER 5 マーケティングの成功＆失敗例

　これは、どういうことなのでしょうか。
　実にこれが、サントリーの仕掛けた「ハイボール戦略」のマーケティング・プロモーション結果だったのですから驚かされます。
　しかも、仕掛けたのは、サントリーでしたが、このマーケティングのおかげで、ウィスキーを扱うニッカブランドのアサヒビールも、メルシャンのウィスキー事業を引き継いだキリンビールも、ウィスキー業界では、他社も大きく収益をアップさせているのですから、すごいことでしょう。
　では、ここから、サントリーのハイボール戦略をみていきましょう。
　かつての日本では、戦後間もない頃から、洋酒ブームが起こり、サントリーのトリスウィスキーを出す「トリスバー」というお店が、サラリーマンの間では人気でした。そこで流行っていたのが、トリスを炭酸で割って飲む「ハイボール」という飲み方だったのです。
　その後、ウィスキーの飲み方は多様化し、水割りやオン・ザ・ロックが主流になり、ハイボールという飲み方は、次第に古臭く、ダサい飲み方のようにイメージされ、やがて市場でも忘れ去られていきます。
　年配のお父さんにとって、「ハイボール」という言葉の響きは、まことに懐かしいものとなっていたのです。

「ハイボール」ってどんな戦略で売れ筋商品になったのですか？

　今回、サントリーが仕掛けて、ブームを作ることに成功した「ハイボール」は、そういう意味では、リバイバルといってよいものです。しかし、プロモーション戦略は極めて、現代的なものだったことが挙げられるのです。
　まず、サントリーが仕掛けた「プロジェクトH」と社内で呼ばれた作戦は、最初はトリスではなく、角瓶を売るプロモーションで幕を開けたのです。
　08年4月に人気女優の小雪をテレビコマーシャルに起用して、「ウィスキーがお好きでしょ」と角ハイボールを集中的に宣伝していたのを覚えている方も多いでしょう。「大人の女性が楽しむハイボール」というイメージを、まずは、

161

サントリーの「ハイボール」戦略

「プロジェクトH」作戦スタート！

- 2008年4月に人気女優小雪をテレビCMに起用。「ウィスキーがお好きでしょ」で角でつくるハイボールを集中宣伝！
- 「すごいハイボールの作り方」…ブロガー専用講習会開催。
- 「ハイボールナイト」のイベントを各地で開催。

> かつてのトリスバーでは、食後に飲むアルコールとして「トリスハイボール」が位置づけられていたのを「食事と一緒に楽しむお酒」のイメージで売り込んでいった。一次会で使われるお店への展開を重視して、ビールや酎ハイと並ぶ存在に育てていく作戦。

- ハイボールはレモンを添えてジョッキで提供。
- 専用サーバーで最適比率での炭酸割り実現。
- 食事の時に飲むのは「とりあえずビール」ではなく、「とりあえずハイボール」と言ってもらえるように、キャンペーン展開していった。

ここで植え付けることに注力しているのです。

次いで、ネット上でブログを書いている人たちを対象に「すごいハイボールの作り方」と銘打って、ブロガー専用講習会を繰り返し、開催していきました。

ブロガーに話題として、取り上げられれば、クチコミ効果も絶大です。

さらに、サントリーとブロガーが共催する「ハイボールナイト」というイベントまでも各地で展開していきます。

そしてユーチューブやツイッターでも、ハイボールにまつわる事柄を次々仕掛け、「ハイボールの作り方」の動画は10万回以上もの視聴実績を獲得していきます。街中のお店での展開も抜かりはありませんでした。

　従来、ウィスキーが飲まれなくなってきた原因のひとつに、バーや酒場での２次会利用がなくなってきたという背景がありましたから、ハイボールは食後に飲むお酒のコンセプトではなく、１次会の食事の場面で飲むお酒というイメージを強調したのです。

食事中に飲むお酒といえば、ビールや酎ハイが該当します。

そこに、ハイボールも絡ませることによって需要が喚起できると考えたわけです。また、ハイボールは、ウィスキーを炭酸で割りますから、店によって味の濃い薄いという問題が生じかねません。

そのため、専用のハイボールサーバー（「ハイボールタワー」という名称）を開発し、お店に設置することで、最適な比率で簡単にハイボールを提供できる仕組みも導入していったのです。

もちろん、お店にとってビールはさほど儲からず、酎ハイは儲かるという構図にも配慮して、ハイボールは酎ハイ同様に儲かるドリンクという価格設定の位置づけも行なわれていきます。

そして、まずは、席に着いたお客さんに「とりあえずビール」ではなく、「とりあえずハイボール」と注文してもらえるよう、ビールよりも安いハイボールを、生ビールのようにグラスでなく、ジョッキで提供することも推奨していきます。もちろん、そのために、店内で張ってもらうポスターも大量配布していきました。

あちこちで目立たせて、「とりあえずハイボール」と注文してもらうための作戦です。その後、さらに廉価なトリスのハイボールも並立させて、売り出します（2010年9月から）。バリエーションを広げることで、のど越しの良さを、一杯目から楽しんでもらうための、一大キャンペーンを繰り広げたのです。

今後も注目されるサントリーの戦略は？

　サントリーが展開した、このプロモーションが大成功をもたらしたのは、読者の皆さんがご承知の通りです。

　飲食店でのハイボール人気に火がついただけでなく、缶入りのハイボールまでもスーパーなどの量販店で、飛ぶように売れてきたからです。

　2010年7月には、築地銀だこが、東京・浜松町に「ギンダコハイボール横町」をオープンし、他にも続々とハイボール専門店が生まれています。

　ブームは続き、もはや一過性のブームではなく、アルコールドリンクの定番化といってよい現象になっているわけです。

　このサントリーのプロモーションの一番の成功に挙げられるのは、何でしょうか。それは、サワー系の甘みのあるアルコール飲料に慣れた若者層をセグメンテーションしたところにあるといわれています。

　さらに、食事の時に飲むアルコール飲料というポジショニングの過程にもあるでしょう。食事中に飲むお酒ですから、アルコール度数が強すぎてもいけません。

　その点でも、炭酸割りのハイボールなら、のど越しもよく、アルコール度数も強くなく、ぴったりだったのです。

　こうしたマーケティング戦略が、見事に的中し、サントリーだけでなく、ウィスキー業界全体の活性化をもたらしたというわけです。

　もちろん、サントリーにとっては、まだまだこれからが勝負でしょう。

　角やトリスのハイボールが売れるだけでなく、高級ウィスキーの「山崎」や「響」も売れてほしいはずだからです。

CHAPTER ⑤ マーケティングの成功＆失敗例

サントリーの「ハイボール」戦略のSTP

セグメンテーション
↓
サワー系の甘味のあるアルコール飲料に慣れた若者を対象とする。

ターゲティング
↓
食事の時にビールやサワーを飲む人を対象とする。

ポジショニング
↓
ジョッキにレモンを添えて、グイ飲みするのが、カッコイイ飲み方とする。

サントリーは、すでに次なる仕掛けも仕込んでいます。

ブランデーを女性にも、気軽に飲んでもらう試みとして、女性客が7割を占めるという洋風居酒屋「バル」において、ブランデーを炭酸で割り、リンゴやオレンジなどの果汁を入れて楽しむ——「ブランデースピリッツァー」という飲み方を提案しているのです。かつて、1970年代後半に、サントリーは「ブランデー、水で割ったらアメリカン」というキャッチコピーで、ブランデーの一大ブームを作り、1991年までブランデーの販売量を上昇させ続けるという見事なプロモーションを展開し、大成功を収めています。

ハイボール人気のウィスキーとともに、また再びブランデー復活で、消費量を上げることができるのかどうか、業界関係者は期待のまなざしで、サントリーの新たなマーケティング戦略に注目しているのです。

現場で使える! Point

サントリーの「ハイボール」復活成功のプロモーションには、時流に適った戦略と戦術がありました。

CHAPTER 6

さまざまな企業事例に見るマーケティング戦略

JALの倒産と復活

「マネジメント」と「マーケティング」が
うまく機能しないと……

事実上一度は倒産したJAL

　JALが会社更生法の適用申請をして事実上の倒産となったのは、2010年1月のことでした。それからわずか、2年8カ月後の2012年9月には東証に再上場です。なにしろ、2012年3月決算では、連結営業利益2049億円（売上高営業利益率17％、経常利益1976億円、純利益1866億円といずれも過去最高益）という驚くべき実績だったのです。

　倒産に至る過程と、このスピード復活再生には、どんなマネジメントとマーケティングがあったのでしょうか。JALは、もともと戦後の日本の復興とともに生まれた半官半民の国策航空会社でした。

　1987年に完全民営化しましたが、その後も「親方日の丸」体質の放漫経営が続きます。政治家や政府（かつての運輸省、現在の国土交通省の管轄下）の言いなりでの、不採算路線の航路を日本中に張り巡らせ、従業員の高給・高待遇、退職者向けの手厚い企業年金、過激な労働組合の乱立、大型機材ばかりで搭乗率が低くても中型の代替機材に振替が利かず、燃油代や整備費のコストがかかりすぎる……などなど、企業体としてのマネジメントはめちゃくちゃだったことが知られています。

　誰も経営責任を感じず、経営陣も従業員も、ナショナルフラッグが潰れることはなく、必ず政府がバックアップしてくれる──との思いだけで、当事者意識の欠如をさらしていたのです。

　いよいよおかしくなったのが、08年9月に起きたリーマン・ショック以降で

す。搭乗客の減少、燃油の高騰、燃油先物取引の失敗、借入金の累積などで、どうにも首が回らなくなり、負債２兆2333億円で倒産したわけです。

しかし、予想通りに、その後「JALの公共性の高さ」を理由とした政府の支援体制が築かれます。企業再生支援機構の傘下におかれたJALは、株式100％の減資のみならず、3500億円の公的資金が注入され、政府主導による金融機関の債権放棄（5215億円）、有利子負債の圧縮、機材の簿価から時価への切り替えでの減価償却費の負担軽減策、資産評価の大幅切り下げに伴って発生した約１兆円にのぼる繰り越し欠損金を利益と相殺する法改正（９年間）などにより、2018年までの推定8000億円にのぼる法人税の減免などが講じられました。

そして **JAL本体は、１万６千人のリストラ（従業員の３割）、不採算路線からの撤退、給与カットによる人件費の削減、大型機材（ジャンボ機）の売**

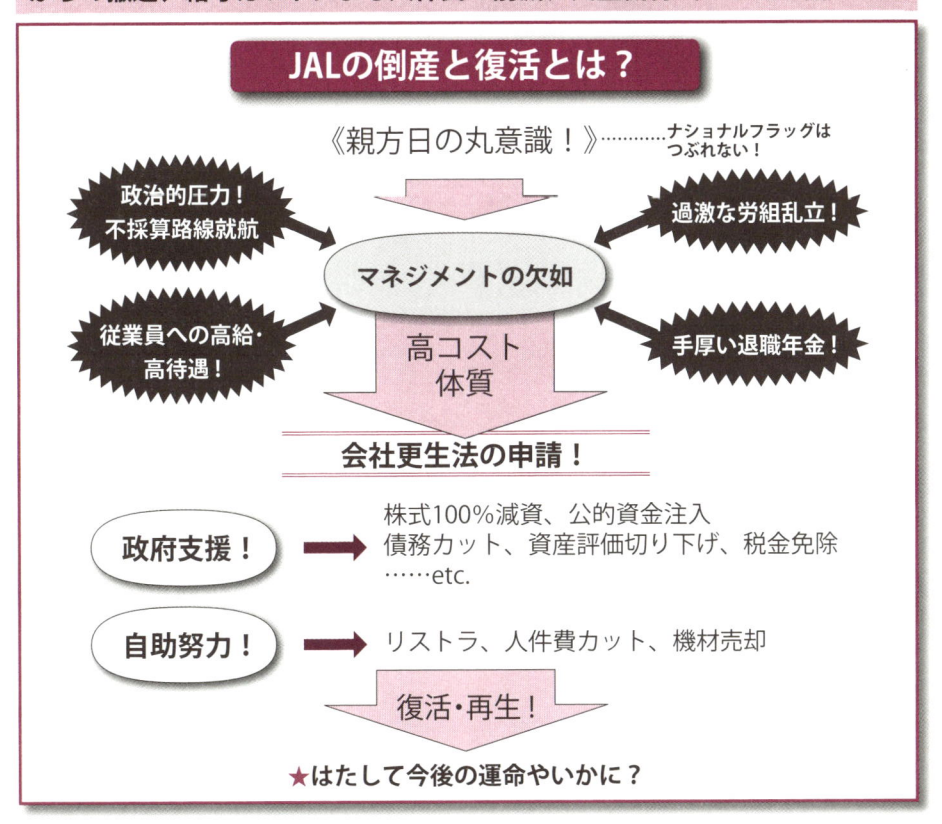

JALの倒産と復活とは？

《親方日の丸意識！》……ナショナルフラッグはつぶれない！

- 政治的圧力！不採算路線就航
- 過激な労組乱立！
- 従業員への高給・高待遇！
- 手厚い退職年金！

↓

マネジメントの欠如 → 高コスト体質

↓

会社更生法の申請！

- **政府支援！** → 株式100％減資、公的資金注入、債務カット、資産評価切り下げ、税金免除……etc.
- **自助努力！** → リストラ、人件費カット、機材売却

↓

復活・再生！

★はたして今後の運命やいかに？

却、部門別採算制度による収益バランスの徹底など、更生法適用企業としては当たり前の、いや、それ以前の企業のマネジメントとして当然のマネジメントが実施されたというわけです。

JALの復活再生は自助努力?

つまり、JALの復活再生は、企業としての当たり前の自助努力だけでなされたものでは到底なく、政府の特別支援があったからこそ、なし遂げられたにすぎないものなのです。ライバルのANAから「不公平だ」という声が上がるのも当然でしょう。

政府は、性懲りもなくJALを支援し、公平な競争がはたらくべき市場原理を、再び歪めたにすぎないのですから。

さて、JALが再上場することとなった2012年は、奇しくも日本でのLLC（格安航空会社）元年ともいわれる巡りあわせの年になりました。

これから、世界の航空業界は激烈な競争が予想されています。

JALは、政府支援のおかげで、なんとか経営体制だけは刷新されたものの、この先の成長戦略やビジョンが描けていません。

つまり、今回のJALの再生・復活の構図には、ドラッカーが提唱する「顧客の創造」に必要な「マーケティング」と「イノベーション」が欠落しているのです。もちろん、コトラーが指摘する「価格以上の満足があるから取引は続く」という視点もないわけです。JALのいばらの道は、まさしく、これから始まったばかりといってよいでしょう。

現場で使える! Point

極めて不自然、不公正な形でのJAL復活に、今後が注目されるゆえんなのです。

CHAPTER ⑥ さまざまな企業事例に見るマーケティング戦略

顧客志向を大切にして大成功

実際に存在する代表的な米国の
顧客志向企業の例

顧客視点からの戦略の大切さ

　米国の顧客志向企業の例は、たくさんあります。

　たとえば、米国では昔からカタログ通販によるビジネスが発達していましたが、カタログ通販やインターネット通販での「返品自由」は、早くから常識となっていました（19世紀末に百貨店シアーズ・ローバックが「満足保証」と銘打ってはじめたのが起源）。

　通販ゆえに、実際の店舗でのように、商品を手に取って確かめられない弱点を、「返品可能」と謳うことで補ったのです。

　たとえ、購入した衣類を使用した場合であろうと、うっかりコーヒーをこぼしてシミができた場合であっても、顧客の故意や過失に関わらず「返品自由」という大らかさで対応するようになったのです。

　つまり、あらかじめ、そうした事態を織り込み済みでビジネスを行なっているということなのです。

　故意に汚したり、壊したりしておいて、「返品希望」する悪質なお客の存在までも計算済みで、それでもなお、理由の如何を問わずに「返品自由」にするというシステムこそが、顧客満足につながる最良の手段と確信しての選択だったわけです。

　やがて、通販だけでなく、実店舗における小売りの現場でも同様のケースが出てきます。

「NOと言わない百貨店」の「ノードストローム」も、「返品自由」で有名です。

《究極の顧客志向》

お客様は常に正しい

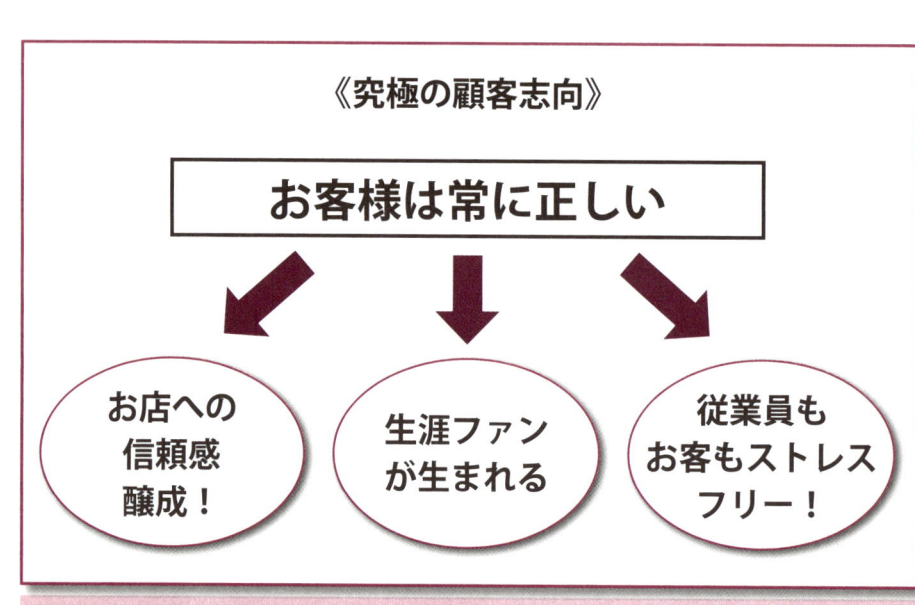

- お店への信頼感醸成！
- 生涯ファンが生まれる
- 従業員もお客もストレスフリー！

顧客の要求に徹底して従うことを旨として「ノーハッスル・リターン・ポリシー」という約束事を標榜しています。

　返品や交換は理由の如何を問いません。
　返品や交換を希望するお客は、いちいち店の従業員に気兼ねしながら、返品の理由すら説明する義務から解放されたということなのです。
　中には、店で取り扱ったことのない商品の返品にまで応じた例が知られています（レシートも不要だからです）。
　また、「お客様は常に正しい」というポリシーによって、お客の要望を受けた従業員は、徹底した権限移譲（エンパワーメント）下において、独自の裁量権が発揮できるようにもなっています。
　お客が求める商品が店になく、近隣の他の店で売っている場合、お客が「ノードストロームで買いたい」と言えば、従業員が近隣の店に出向いて定価で購入し、お客に提供するということまでやっているのです。
　「お客様は常に正しい」という驚きのポリシーだからこそなのです。
　ミニ・テーマランドもどきの食品スーパー「スチューレオナード」も、顧客サービスで有名です。

CHAPTER ⑥ さまざまな企業事例に見るマーケティング戦略

　売り場を一方通行にして、イベント性のある動く人形や玩具を配置して、顧客の目を楽しませる仕掛けに人気のある店なのですが、ここでも理由の如何を問わずに返品・交換は自由です。
　特徴的なのは、どの店の前にも巨大な御影石があって、そこにステートメントが記されていることです。
「われわれのポリシー：ルール１＝お客様は常に正しい　　ルール２＝万一お客様が間違っていると思える時は、ルール１を読み返しなさい」
　こんな顧客中心主義のお店が、ノードストロームやスチューレオナードだけでなく、他の小売店でも取り入れる動きが広がっているのが、米国の先進事例になっているわけです。

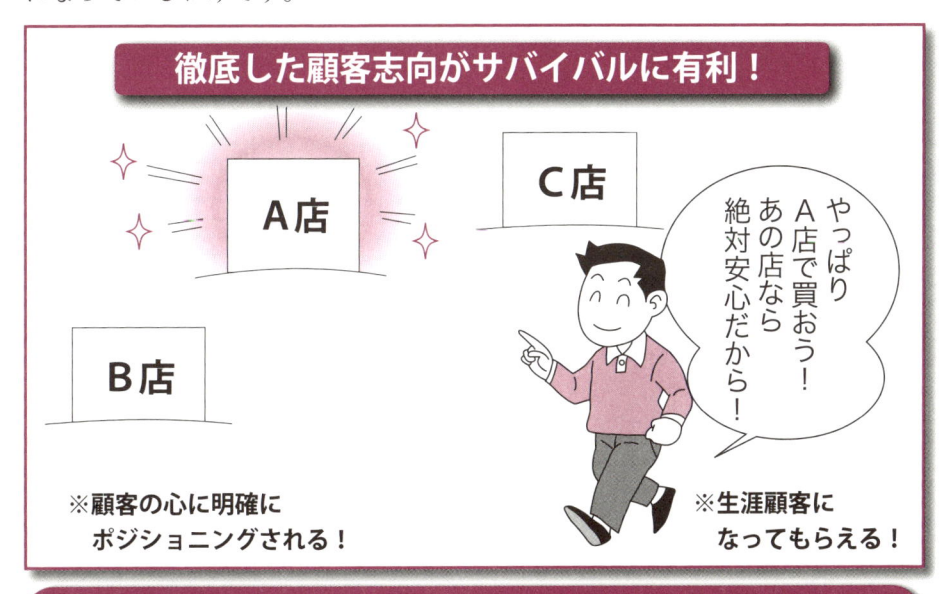

徹底した顧客志向がサバイバルに有利！

A店　C店　B店

やっぱりA店で買おう！あの店なら絶対安心だから！

※顧客の心に明確にポジショニングされる！
※生涯顧客になってもらえる！

現場で使える！Point

お客に究極の安心と信頼をもたらすというポリシーが、「お客様は常に正しい」という言葉に凝縮されている！

顧客への対応で大切なこと

「失敗」で大きな代償を支払わされた企業事例

初期対応の失敗が後々とんでもないことに

コトラーは、顧客との「つながり」や「関係性」をとても重視しています。

次の事例は、企業が顧客に対しての対応を誤ったがために、多くの顧客との「関係性」を危うくしてしまった事例です。事業の継続そのものを困難たらしめてしまったケースさえあります。

今日の社会においては、ネット環境の発達もあり、たった一人の顧客への対応を間違えただけも、大きな社会的事件になりかねない怖さがあるのです。

永年にわたって築き上げてきた企業としての「信用」も「名声」も、瞬くうちに地に落ちてしまう——という、有名な事例を2つほど見ておきましょう。

《総合電機メーカーA社のケース》

1999年6月、総合電機メーカーA社の担当者が、製品購入の消費者に対し、電話で、次のような高圧的セリフで応じた状況が、ネット上に音声付きでアップされます（A社の不誠実な対応に怒った顧客自身が、HPを立ち上げてA社担当者との電話録音を公開したもの）。

> 「おたくさんみたいなのはね、お客さんじゃないの。クレーマーっちゅうの。要求は何ですか？　誠意を見せろってことですか？　何の謝罪をするの。おたくさんみたいなのはね、業務妨害っていうの。警察にね。切りますよ（ガチャン！）」

そして、これが放置されたために、わずか1カ月間に600万件近いアクセスを呼び、ネット上で大きな反響を巻き起こします。
 そのうえ、大手のマスメディアまでもが、ネット現象として一斉に報道したため、A社の顧客対応の姿勢は「官僚的で冷たい」と悪評が飛び交うようになります。同社の企業姿勢やイメージは大いに損なわれたのでした。
 このケースは、A社の社内における顧客対応のルールが確立されていなかったために起こったものでした。ビデオデッキを購入したお客からの問い合わせ（画面にノイズが走る）を、技術スタッフが結果的にたらい回しする形で対応したために、怒ったお客がA社の社長宛にその製品を送り返しました。
 すると、それを受けたA社側が、「これは普通のお客じゃない！」と、お客を悪質クレーマーと誤認してしまったのです。
 そのため、以後は総会屋や暴力団などの反社会的勢力を担当する部署の所管となり、前述のようなコワモテでの対応になったのでした。A社は、当該の顧客にすばやく謝罪に動くべきだったのに、ネット上に記載されたHPの事項を削除しようと裁判所への仮処分申請に動くなど、さらに手こずっている間に、世間に大恥をさらす大失態を招いてしまったわけです。

《大手乳業メーカーB社のケース》

 2000年6月、近畿地方でB社製の低脂肪牛乳を飲んだ人たちが、病原性黄色ブドウ球菌による集団食中毒を発症、被害は1万3千人強におよび、戦後最大の食中毒事件が発生しました。
 その後、マスコミの報道により、B社の工場での食品メーカーにあるまじき不衛生な製品製造や取り扱いの実態が明らかになるにつれ、世論の批判も高まっていきます。マスメディアの攻勢にさらされた同社の社長は、記者たちの包囲を振り払うべく、いらだちながら、「私は寝てないんだ！」と憤りの声を思わず漏らしてしまいます。
 これをテレビで観た消費者たちが怒りを爆発させたのは言うまでもありませ

> **私は寝てないんだ！**
>
> エッ？
> 何だって？
> エッ？
> エッ？
> 社長
> 俺たちだって寝てないぞ
> なんで会見を打ち切るんだ？
>
> マスコミ包囲陣
>
> テレビを通じて流れたB社社長のこのひと言で世論を敵に回してしまい、B社はグループ全体が解体の浮き目に遭ってしまいました。

ん。北海道を基盤に成長してきた大手乳業メーカーB社は、スーパーや小売店からの製品撤去の嵐を受け、たちまち経営不振となり、さらに翌年の、同名のグループ会社が食肉偽装事件を引き起こしたこともあって、グループはたちまち解体の憂き目に遭いました。消費者との「つながり」や「関係性」を断ち切るような不行跡があると、このように事業の存続そのものが許されなくなる——という格好の事例となったのです。

現場で使える！Point

消費者に悪印象を与える事柄があると、
企業は社会的制裁を受ける破目になる！

CHAPTER 6　さまざまな企業事例に見るマーケティング戦略

奇跡の復活を遂げた企業の例

40年間右肩下がり経営のバス会社がよみがえった理由とは？

意外なところにあった復活への道筋

　日本バス協会の2010年度の「乗合バス事業者の収支調査」によれば、対象事業者246社中、74.4％が赤字事業者です。

　日本では、バス事業はすでに衰退産業になっていることがわかります。

　国内のバス輸送人員は、1968年の100億人台をピークに、マイカーの普及とともに減り続け、2010年には40億人台すれすれまで減っています。

　大都市圏を除けば、事業者の9割が赤字です。乗合バス会社の従業員の給与水準は、1996年のピーク時から下がり続け、すでにピーク時の3割減で、もはや下げられないところまで来ています。

　また、コストに占める燃料費の割合も2000年頃の5％台から現在では倍増して10％台となり、赤字経営に蝕まれ、人口の減少とともに路線の縮小が続いています。

　今や乗合バス会社の経営は、自治体の補助金がなければ、事業として成り立たない瀬戸際にまで追い込まれているのです。

　さて、こんな厳しい環境下にある乗合バス業界にあって、40年間にわたって右肩下がりの経営を続けていた、過疎化がすすむ地方の瀕死のバス会社でありながら、2012年3月期決算において、前期比4％増のバス運送収入を記録するという快挙を成し遂げた事例があるのです。

　「日経ビジネス」2012年7月9日号が伝える復活の事例を、コトラーの提唱する「TOWS」の視点で見てみることにしましょう。

この会社は北海道帯広市にある十勝バスです。大正年間に創業し、86年の歴史を誇る十勝バスは、典型的な地方の同族会社ですが、その奇跡の復活は、3代目社長によって成し遂げられたものなのです。
　その復活の方程式は、見事にコトラー理論にも当てはまります。

　コトラーの「TOWS」分析になぞらえると、外部環境の「T（Threats ＝脅威）」は、人口減少・過疎化による乗合バスの利用客の減少になるでしょう。
　そして外部環境の「O（Opportunities ＝機会）」は、人口の高齢化にともなうマイカー人口の減少が当てはまります。この外部環境の推移を、十勝バスの3代目社長は分析し、内部環境の「W（Weaknesses ＝弱み）」と「S（Strengths ＝強み）」に照らし合わせていったのです。

「TOWS」分析が教えてくれたこととは？

　十勝バスの「弱み」は、利用客の減少に他なりませんが、その理由を深く知るためには、徹底したマーケット・リサーチが欠かせません。なぜ、住民の利用が少ないかを市場調査するよりないからです。
　しかし、その結果、衝撃的な答えが浮かび上がったのでした。マイカー利用に長年にわたって慣れ親しんできた住民の多くは、高齢となった現在において、マイカー利用もしなくなりつつあったにも関わらず、肝心のバスの乗り方や路線について、すっかり疎遠になっていて、わからなくなっていたのが実態だったからです。
　ドアが前後に2つあって、どちらから乗るのかもわからず、整理券の利用の仕方も、運賃の払い方も知らず、不安でバスになど乗ろうとしなかったことが大きな原因だったことが判明していきます。
　十勝バスの内部環境の「強み」は、病院や役所、競馬場、十勝川温泉といった生活に必要な目的地、あるいは娯楽のための観光地までを、路線で定時に結ぶ正確性や利便性に他ならないでしょう。
　そこで、「弱み」を最小限に、「強み」を最大限にする工夫が始まります。

CHAPTER ⑥ さまざまな企業事例に見るマーケティング戦略

TOWS分析に当てはめると……
《十勝バスの場合》

外部環境

T（脅威）
人口減少、過疎化による利用者の減少。

O（機会）
高齢化によるマイカー利用の減少。
交通手段がほしい。

内部環境

W（弱み）
バスの乗り方への周知がなされていなかった。

S（強み）
目的地までの正確で便利なバス路線を有している。

TOWS分析

　まず、「弱み」を克服するために行なったのが、子供でもすぐに分かる漫画によるバス利用のためのパンフレットを、あまねく住民に配布していきます。

　そして、バス会社の「車庫」や「折り返し所」「営業所」経由といった、バス会社の都合による路線ルートを見直して、お客の側に立った利便性重視の路線ルートに変え、目的別時刻表なども作成していきました。

　奇しくもコトラー理論の「TOWS」分析通りになっていったわけですが、結果として、利用客が増え、顧客に存在意義を感じさせる変革によって、見事に十勝バスは復活・再生を遂げていったのです。 自社の事業を考える時に、「TOWS」分析の方法論は忘れずにいたいものなのです。

現場で使える！ Point

お客さんのことを知っているつもりでも、本当のニーズに気づいていない場合がある！
TOWS分析が有効に！

新たな分野へチャレンジして成功!

コカコーラ「ジョージア」へのサントリー「BOSS」の挑戦

消費者目線で差別化に成功した商品

「BOSS」という新しい缶コーヒーを開発したサントリーの商品開発ストーリーを知ると、セグメンテーションとターゲティングの重要性がよくわかります。

缶コーヒーを購入する層で最も多いのは男性で、外回りの営業マンや運転手といった職種の人たち、あるいはガテン系の職人さんたちで、年齢層は若者から中高年までです。外出中の仕事の合間に、ちょっと一息入れるか——という感覚で、コンビニや自販機で買って飲むことが多いということが、調査で明らかになっていました。

そこで、**そうした人たちに親近感をもってもらうべく、親分やリーダー、実力者といった存在感をイメージさせる「BOSS」というネーミングが得られたというわけです。**

ここでは「女性」ではなく、「男性」という明確なセグメンテーションが行なわれ、なおかつ外で仕事をする機会の多い行動的な人たちという、見事なターゲティングが行なわれていることが窺えます。

そこでアクティブな印象の強い、成り上がりでパワフルなイメージの人気歌手をCMに採用するなどで、認知度を一気に上げる作戦に出たのです。

缶コーヒーの市場は激戦で、シェアの入れ替わりが激しいことでも有名な世界です。しかし、日本では清涼飲料水の自動販売機シェアでコカコーラ社が圧倒的な存在感をもっています。

同社の缶コーヒー「ジョージア」シリーズは、売り上げにおいてもトップシ

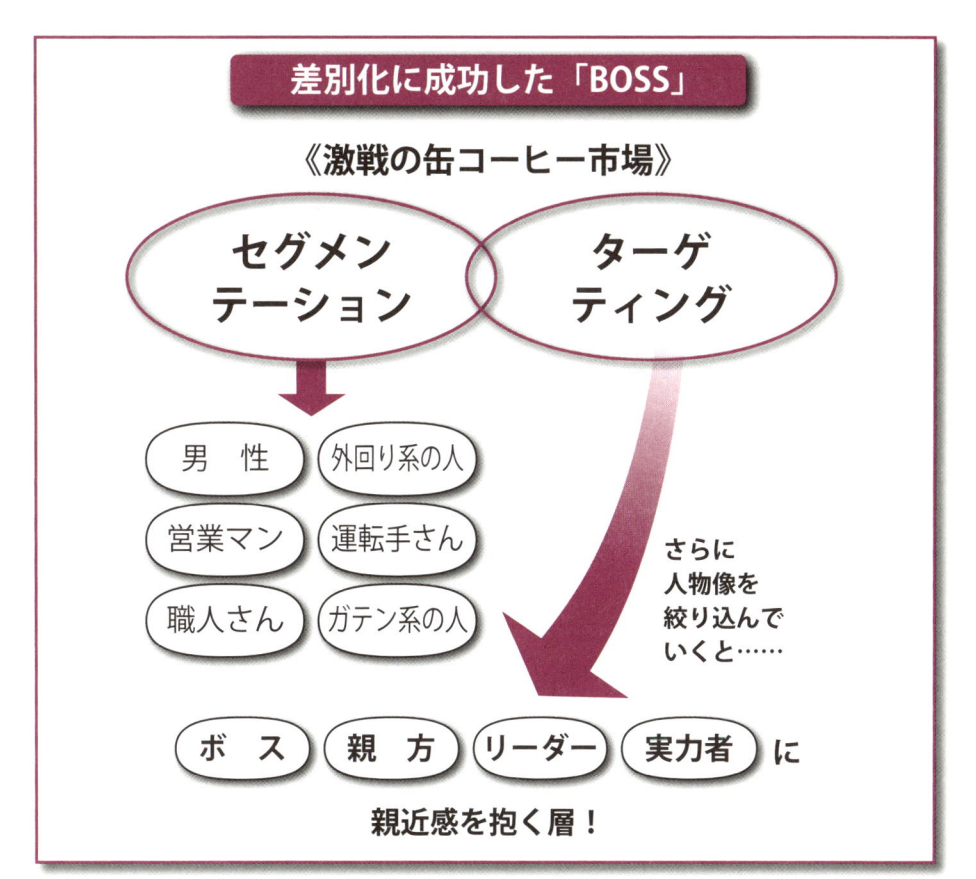

CHAPTER 6 さまざまな企業事例に見るマーケティング戦略

差別化に成功した「BOSS」

《激戦の缶コーヒー市場》

セグメンテーション → 男性／外回り系の人／営業マン／運転手さん／職人さん／ガテン系の人

ターゲティング → さらに人物像を絞り込んでいくと……

ボス　親方　リーダー　実力者　に**親近感を抱く層！**

ェアを続けていたのです。サントリーの「BOSS」は、この「セグメンテーション」と「ターゲティング」の戦略によって、「ジョージア」の牙城に迫り、売上こそ1位は取れなくても、消費者のマインド・シェアでは、長く1位を維持するという見事な成功にもつなげてみせたわけです。

現場で使える！ Point

購買層をより明確にした商品戦略は、激戦市場で効果を発揮する！

コンセプトを見直したら人気爆発した医薬品！

女性の顧客の獲得に成功したハイチオールC

　読者の皆さんは、エスエス製薬の「ハイチオールC」という医薬品をご存知でしょうか。実は、この製品は当初、「二日酔いによく効く医薬品」として、お父さんたちをはじめとする、男性層にこそ、愛用者の多い製品だったのです。

　それが、今やどうでしょうか。従来からのおじさん層だけでなく、若い女性から中高年女性までを虜にするほどの人気の医薬品として、その名を知られるまでになっているのです。さらに、「ハイチオールC」の人気に便乗する形で、他の大手製薬会社からも続々と同一成分を含む製品が発売されるという、新市場を誕生させるほどのインパクトを引き起こしたのです。

　その原因は、コンセプトの見直しによるものでした。

　「ハイチオールC」は、1970年代に「L－システイン」を主成分にしてエスエス製薬から発売された製品です。

　L－システインの効能は、肝臓に対する解毒効果が高いことです。

　そのため、当初は二日酔いに効くと評判になり、おじさんたちの間では、クチコミでぐんぐん広まり、存在感をもつ大衆薬となったわけです。

　しかし、実は「L－システイン」は、肝臓への作用で、肝機能を改善するだけでなく、もともとメラニン色素の生成を抑え、肌の新陳代謝を促すことも高い効能としてあったのです。

　そこに着目し、1998年にエスエス製薬は、コンセプトの大改良を行なったのでした。錠剤を小型化して飲みやすくし、1日の服用量も12錠から6錠ですむように改善します。

　そして**肌への効能効果をわかりやすく表示し直したところ、「シミ、そばかすに効く」「美白効果がある」として、女性たちの人気に火がついたのです。**

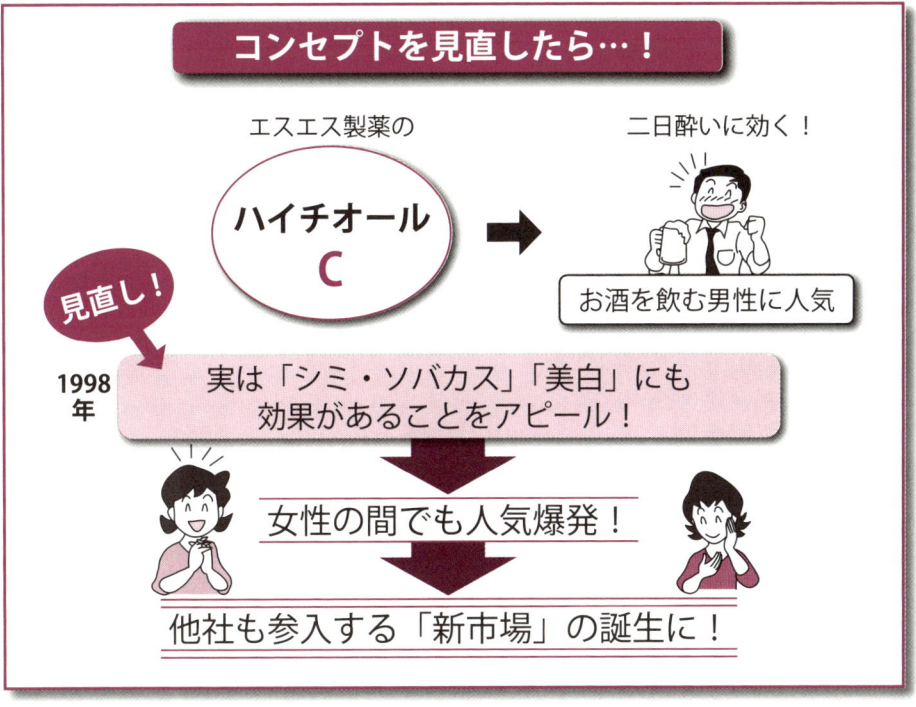

CHAPTER 6 さまざまな企業事例に見るマーケティング戦略

コンセプトを見直したら…！

エスエス製薬の **ハイチオールC** → 二日酔いに効く！／お酒を飲む男性に人気

1998年 見直し！ → 実は「シミ・ソバカス」「美白」にも効果があることをアピール！

↓ 女性の間でも人気爆発！

↓ 他社も参入する「新市場」の誕生に！

　しかも、その人気に便乗した、他の製薬大手メーカーの追随によっても、市場はにわかに活性化していったのです。

　エスエス製薬はこの分野においてマーケット・リーダーになったのは言うまでもありません。そして、「ハイチオールC」に続く関連商品を次々投入、錠剤からクリーム、ドリンク剤へと製品アイテムもひろげ、今なお根強い人気を保っているのです。このケーススタディを考えると、**コンセプトの明確化が、いかに市場に強力な影響を及ぼし、重要なものであるかが見て取れるわけです。**

現場で使える！Point

当初考えていたセグメンテーションとターゲティングもコンセプトの見直しで、大化けする商品となり、新市場を生んでしまうことがある！

清涼飲料水が10円で買えるって本当?

実際に存在する「激安自販機」!

激安自動販売機ってどこにあるの?

　日本には、約240万台の清涼飲料水の自販機があり、国民53人に1台の割合で普及している計算になります（自販機総数では米国が普及台数世界第1位ですが、人口比換算での普及率では日本が世界1です）。

　さて、そんな自動販売機の中で、10円の激安自販機があるのです。

　実は、それに加えて30円自販機もありますし、50円自販機もあります。

　しかも、こうした激安自販機は、ごくわずかな特殊なケースではないのです。「ええっ? うそでしょう? そんなにあるわけないよ、だって見たことないんだもん!」という方も多いでしょうが、絶対数が少ないので目立たないだけなのです。

　清涼飲料水の自販機のうち、1.25％を占めるにすぎませんから、100台ぐらいの自販機巡りをすれば、1台ぐらいは激安自販機を見つけることができるはずです。

　つまり、約3万台前後の激安自販機が存在するわけです。

　なぜ、ふつうの自販機で買えば150円ぐらいする清涼飲料水の缶やペットボトル製品が、10円や50円で売られているのかといえば、メーカーや卸業者が、常に需要予測を誤っているからに他なりません。

　要するに、作りすぎて余った分を、激安自販機で処分しているわけなのです。
　メーカーや卸業者は、需要よりも少ない生産量だと品切れを起こして、機会損失になります。

そこで、それを避けるために、需要に見合った生産量、もしくはそれより少し多く作ろうとするのですが、ちょうどよい需要量を見極めるのが、大変難しいということなのです。そのため、作りすぎ、あるいは在庫の持ちすぎで、メーカーや卸業者は四苦八苦するのです。

■ 激安商品でも売り主が儲かるカラクリ！

　食品ですから、在庫の賞味期限切れが近づいてくれば、見切り処分せざるをえません（スーパーやコンビニチェーンは、賞味期限が6カ月を切った清涼飲料水は、仕入れてくれないのです）。

　格安の値段で、激安自販機業者に引き取ってもらわざるをえないのです。

　賞味期限が、3カ月程度にまで迫った商品は、1本25円程度で激安自販機業者に引き取られます。

　激安自販機業者は、それより高い30円や50円で売れば、十分儲かるというわけです。

　しかし、賞味期限切れが、あと数日となると、いよいよ、激安自販機業者といえども、見切り処分のために、キリの良い価格10円の値段をつけて、損を少しでも回避すべく、売り切ろうとするわけです。

　10円激安自販機が存在するゆえんです。

　賞味期限が切れたからといっても、消費期限ではないのですから、飲めなくなるわけではありません。それに賞味期限が切れたからといって、ただちに不味くなるわけでもないでしょう。

　しかし、世の中には厳格な「価値基準」があり、それで「信用関係」が築かれています。

　したがって、こんな事例を知るまでもなく、市場の需要予測は常にはずれるということを物語っているわけです。予測するということは、本当に難しいことなのです。

　新製品や新サービスの採算性を考える時には、こうした事例があることを忘れないことなのです。甘い見通しにならないよう、常に自戒して事に当たらなければいけません。

10円自販機の不思議？

あったー！10円自販機だーっ！

※自販機巡りを100台ぐらい行なうと1台ぐらいの割合で見つかるかも…

《需要予測の誤りが存在理由に》

※仕入れが1本25円程度

- ★ 50円で売ると……………25円の粗利！
- ★ 30円で売ると…………… 5円の粗利！
- ★ 10円で売ると……………20円の損失！

現場で使える！ Point

賞味期限や消費期限のある食品は、需要予測が非常に難しい商品です！

CHAPTER 6 さまざまな企業事例に見るマーケティング戦略

味のマーケティングは難しい？

激戦状態が続くインスタントラーメン業界

関東と関西では当然味の好みは異なる

　日本のインスタントラーメンの年間生産量は55億2989万食になります（袋めん約18億食、カップめん約36億食、生めんタイプ1.5億食＝日本即席食品工業協会の2011年のデータより）。人口が1億2770万人ですから、日本人は一人当たり、インスタントラーメンを年間約44回食べている計算になるわけです。月に直すと3〜4回といったところでしょうか。インスタントラーメンの製造に用いられる小麦粉の量は、麺類全体の約32％を占めているそうです。

　そして、インスタントラーメンの銘柄数は、なんと1230種類もあります。

　ものすごいライバルがひしめいている業界——といえるのですが、地場メーカーが多いからでもあります。ラーメンの味は、地域や地場によって違いがあります。ゆえに地場の風味にこだわることで、大資本のナショナルメーカーの隙間をついて地場メーカーの存在があり、ニッチャーならではの戦略と戦術が生かされているわけです。

　一般に、ナショナルメーカーの袋めんやカップめんの容器の包装デザインなどは、全国一律です。そして、味も統一しています。しかし、実はいくつかの銘柄では、関東風味と関西風味というように、微妙にスープの味を変えているものがあるのです。和風系の「そば」と「うどん」がそれに該当します。

　天ぷらかすの入ったそばや、揚げの入ったきつねうどんがその系統です。

　関東は濃口の醤油風味を利かせていますが、関西はやや薄口仕上げになっているのです。関東人の好みと、関西人の好みを微妙に反映させているというわ

風味の違いを試してみよう！

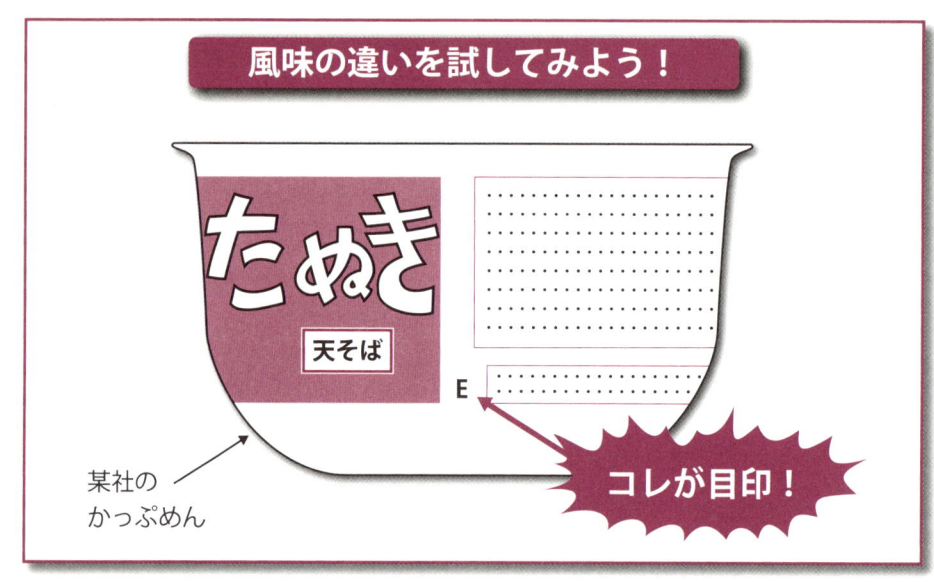

某社のかっぷめん

たぬき 天そば

E ← コレが目印！

けです。大手ナショナルメーカーといえど、こうした地域性を重視しないと、顧客の厳しい味の選択嗜好からは逃れられないからなのです。

興味のある方は、ナショナルメーカーの製品を手に取って、細かい文字で記された「原材料名」や「調理方法」「成分表示」などの記述の周辺を探してみてください。

> EはEASTですから、関東風味にしてあることを意味します。
> WはWESTですから、関西風味ということです。

ご存じなかった方は、ぜひ一度ごらんください。

現場で使える！Point

インスタントラーメン業界は、ニッチャーの多い業界。それだけにナショナルメーカーも地域性を無視できない事情がある！

「クーポン割引」と「学割」の違いとは?

様々な特典がついてくる「クーポン割引」と「学割」

携帯電話会社までも「学割」を採用

「学割」といえば、鉄道やバス会社の定期券の例がおなじみですが、近年では、携帯電話会社も導入して、顧客の獲得合戦が盛んです。

いっぽうで、携帯端末やネットを通じた「クーポン割引」の戦略をとっている企業は、飲食店などに多く、しかも年々増加傾向にあります。

飲食店が「学割」戦略をとらない理由はなぜなのでしょうか。交通機関の「学割」は、沿線サービスの一環と考えられます。沿線居住の家族に長い間にわたって便益を供与することで、沿線そのものの価値を創造していると考えられるでしょう。

住み慣れた沿線に大人になってからも、住み続けてくれれば、鉄道会社もバス会社も潤うわけです。

今や、社会貢献といってもよい形で「学割」は当たり前に普及しています。

さて、近年、携帯電話会社が、「学割」や「家族割」などを打ち出したのは、なぜでしょうか。もちろん顧客の囲い込みが目的なのですが、鉄道やバス会社同様に、携帯電話加入者は長期間の利用が見込めるという背景が共通しているからだったのです。

一般に顧客は、携帯端末の機種変更こそ、ひんぱんに行なうものですが、電話会社の変更はそれほど多くはないのです。

ゆえに、長期間サービスの価格設定においての「学割」も、なじみやすく有効な販促ツールになりうるわけでした。

割引戦略の差別化とは？

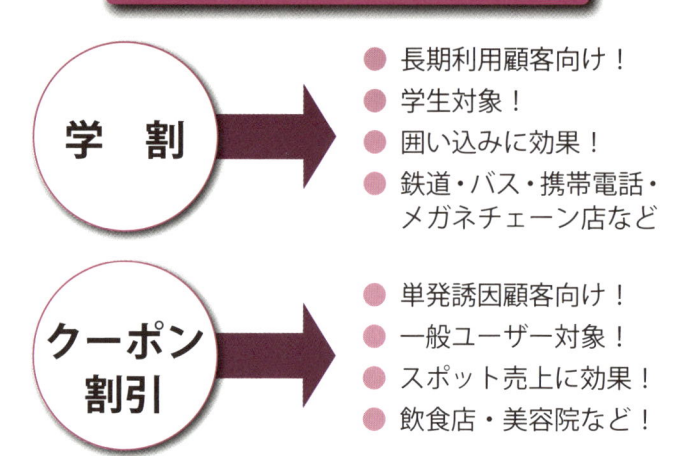

学割 →
- 長期利用顧客向け！
- 学生対象！
- 囲い込みに効果！
- 鉄道・バス・携帯電話・メガネチェーン店など

クーポン割引 →
- 単発誘因顧客向け！
- 一般ユーザー対象！
- スポット売上に効果！
- 飲食店・美容院など！

※顧客を自社に誘引するに際して、武器を使い分けることで効果も違ってくる！

これと同じ原理は、メガネチェーン店の「学割」などでも該当するでしょう。
メガネは、長期にわたって利用し、途中で度数変更などが行なわれます。
顧客を「学割」で取り込んで、長く囲い込めるメリットがあるからです。

学生さんは同じ飲食店での、長期的な利用を期待できません。
競合店がたくさんあるので、横並びで各社が「学割」を導入したのでは、かえって収益の圧迫要因にさえなってしまうでしょう。
ゆえに飲食チェーン店は、顧客の利用頻度別に、機動的に割引価格を適用して、集客を図れる方式の「クーポン割引」を導入しているわけなのです。

現場で使える！ Point

顧客が最も注目してくれる割引戦略だけに、使い方を間違えると収益を圧迫する要因になる！

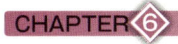

CHAPTER 6 さまざまな企業事例に見るマーケティング戦略

化粧品業界に見る流通チャネルはどうなっているのか?

イメージ戦略を上手に活用した事例

化粧品業界の流通チャネルの現状

2010年3月期時点での日本の化粧品業界の市場規模は、1兆6474億円です。2007年の1兆8000億円をピークにして、このところ毎年市場は縮小気味です。市場の売上高ランキングトップ10を見ると、

①資生堂 ②花王 ③コーセー ④DHC ⑤ポーラ ⑥ファンケル
⑦メナード ⑧ノエビア ⑨マンダム ⑩エイボン・プロダクツ

となっていますが、トップの資生堂のシェアが4割弱、カネボウを傘下に吸収した花王が3割強(化粧品事業だけの合計)で、両者の合計が市場の7割を握っており、3位のコーセーが約1割のシェアですから、上位3社の合計だけで市場の8割を占め、4位以下のメーカーは残り2割の3600億円のシェアを追っての競争という構図です。つまり、マーケットリーダーの資生堂と花王に、チャレンジャーのコーセーが追いかけ、フォロワーのDHC、ポーラ、ファンケル、メナード、ノエビア、マンダムが続いて、エイボン以下の化粧品会社は、さながらニッチャーという構図になるのでしょう。

化粧品の流通チャネルは、大まかに分けて業態別に以下の4分類があります。

- 「制度品メーカー」の資生堂、花王の子会社のカネボウ、コーセーなど。
- 「訪販メーカー」のポーラ、メナード、ノエビア、エイボン・プロダク

> ツなど。
> ● 「一般品メーカー」の花王、マンダムなど。
> ● 「通販中心のメーカー（直営店もある）」のDHC、ファンケルなど。

制度品メーカーというのは、メーカーが子会社の販社を通じ、特約店の店舗にだけ製品流通させる業態で、美容部員などをメーカーが派遣して、特約店を支援したりする形をとっています。日本では、資生堂、カネボウ（花王の子会社）、コーセーなどの大手メーカーが、この業態であり、強固なチャネルとブランドイメージ構築に成功したことが窺えます。

制度品メーカーは、チャネルに及ぼすコントロール効果も絶大で、圧倒的な市場シェアを握って価格維持効果も非常に高いものとなっています（化粧品は戦後の乱売競争を経たのち、1953年から再販制度が認められ、1993年4月に適用品目が縮小され、1997年3月に再販制度が完全撤廃された歴史があります）。

流通チャネルの特徴とその問題点

> 次に、訪販メーカーというのは、自社が契約した代理店にだけ製品を卸し、販売するのは代理店が募集し、教育した個人の販売員という業態のことです。
> かつては、高級化粧品を販売するには、こうした訪問販売が有効かつふさわしい形態でした。

しかし、近年は顧客が販売員に直接訪問されることを忌避する傾向も顕著であり、また販売効率の悪さや（営業・製品お届け・代金回収すべてを販売員一人で行なう）、在宅率の低下もあって市場規模も縮小傾向にあります。

販売員を営業活動だけに特化させ、製品発送や代金回収を本社が行なう方向への変化の兆しもあるものの、そうなると顧客とのコミュニケーションが希薄化して売上が減少するというジレンマもあります。

特商法の規制も強まる向かい風の中、訪販各社は、別のブランドでの店頭販

化粧品業界の流通チャネルは独特！

特徴は？

制度品メーカー（圧倒的存在感！）
資生堂、カネボウ、コーセーなど
→
① 対面接客の成功！
② 高級ブランドイメージ！
③ 広告プロモーション効果！
④「美しさ」の訴求力大！

訪販品メーカー
ポーラ、メナードなど
→
① 高級イメージ！
② 対面訪問接客の威力！
③ 在宅率低下などが逆風に！

一般品メーカー
→
① 商品の差別化が難しい！
② 広告プロモーションが出来ないと認知度が低い！

通販メーカー
→
① ネット環境と物流環境の向上で躍進！
② 顧客とのコミュニケーションがとりにくい。

売に乗り出したり、サロン展開方式に舵を切ったりする模索が続いています。

今後は、増え続ける女性高齢者のニーズをうまく取り込めれば、起死回生も望めるでしょう。**一般品メーカーというのは、化粧品メーカーが、卸問屋に製品を卸し、問屋が自社のルートを使って小売店へ流通させる仕組みです。**

他の日用品メーカーや食品メーカーでは、当たり前のチャネルですが、メーカーのコントロールを末端まで及ぼすのは、なかなか大変な形式ゆえに、化粧品業界では、非主流のチャネルになってしまっています。

一般品メーカーは、もっぱらテレビコマーシャルなどで、自社の製品認知度を上げる販促活動が中心になっています。コマーシャルを打てない企業にとっては、商品の差別化がむずかしいので、非常に厳しい業態でもあるわけです。

通販メーカーというのは、テレビコマーシャルやネットなどで、直接顧客から注文を取り、顧客に製品を送り届ける業態です。

ネットや物流体制の進化によって、近年著しく伸びたチャネルになっています。消費者との直接取引ですから、製品コンセプトを均質に伝えられるコントロール効果にも優れているでしょう。

ただし、顧客とのコミュニケーションの方法が、主に電話だけですから、近年ではアンテナショップを出店して、コミュニケーションギャップを埋める努力にも余念がありません。また、返品やクレーム対応のサービス体制を充実させることで、より広範な顧客の獲得を図るようになっています。

このように、化粧品業界は、「美しさ」や「アンチエイジング」を追い求めていく業界だけに、イメージ戦略を上手に生かしたチャネル戦略が、勝敗を決する仕組みになっているわけです。

現場で使える！Point

化粧品は肌につけ、美しさをもたらす商品ゆえに、顧客との対面接客が最も威力を発揮するチャネルとなっている！

CHAPTER ⑥ さまざまな企業事例に見るマーケティング戦略

「広告宣伝」と「値引き」を一切しないブランドの事例とは？

強気な戦略で業績を向上させている秘密

縫製技術に強いこだわりを持ったカバンメーカー

　1935年（昭和10年）の創業以来、「広告宣伝」も「値引き」も一切せずに、高品質なモノ作り一筋で、ゆるぎないブランド価値を築き上げてきたメーカーがあります。

　読者のみなさんは、「吉田カバン」という名をご存じでしょうか。「PORTER（ポーター）」や「LUGGAGE LABEL（ラゲッジレーベル）」、「TANKER（タンカー・シリーズ）」といったブランド名で、愛用者の熱烈な高評価を受けているカバン製造メーカーのことなのです（正式社名：株式会社吉田）。

　特徴的なのは、日本製であること。

　国内のカバン製造職人を組織化して、「吉田基準」と呼ばれるほどの厳しい品質を保ち、丈夫で長持ち、そしていつでも修理を請け負ってくれるアフターサービス体制までが充実していることでも知られます。

　そのカバンには、随所に工夫が施されており、便利な収納ポケットがあちこちに付いている他、ペットボトルや折り畳み雨傘の収納用に防水ポケットが付いているものまであります。シンプルで飽きのこないデザイン、使い勝手の良さ、念の入った縫製技術で長年月の使用にもビクともしないのです。

　年2回の新作発表会には、国内外のバイヤーやマスコミが駆けつけるほどで、最近大きな話題をさらったのは、裏表ともひっくり返して使えるリバーシブル仕様の製品でした。

195

世界でも例のない、ひときわ巧みな縫製の技が喧伝されたゆえんです。

社是は「一針入魂」で、縫製技術に強いこだわりを持ったカバンメーカーであることが窺えます。

人真似のできないところにこだわりを持つ

1963年の黒沢明監督の「天国と地獄」の小物用として使われたり、皇室御用達としての栄誉も担っており、「ほぼ日刊イトイ新聞」手帳カバーのコラボでも脚光を浴びました。一度吉田カバンを使うと、もはや生涯にわたって他のカバンが使えなくなる──と評されるほどの賞賛がついて回っているのです。

まさしく匠の技を磨き上げてきたメーカーといえるのですが、これまで一度も広告宣伝することなく、一切の値引きにも応じてこなかった点が、まことにユニークでもあるでしょう。近年になって、ようやく丸の内と原宿・表参道に直営店がオープンしたり、国内外のオンリーショップが目立つようになってきましたが、メディアに向けての広告宣伝をせずに、ここまで成長を続けてきたのですから、大したものなのです。無理に企業としての成長を追い求めず、縫製職人の技術者を育てることにのみ主眼を置いてきたからこそ、知る人ぞ知る存在足りえることができたのでしょう。

世の中には、このように、誰にもまねのできない技を駆使することで、長年月をかけて顧客開拓を図り、さらに顧客を徹底満足させ、ブランド価値を築いていくといったマーケティング手法もある──ということなのです。

現場で使える！Point

品質を守るために拡大戦略をとらず、腕のいい職人を育てるために値引きをしない──
WINWINの成功方程式です。

CHAPTER ⑥ さまざまな企業事例に見るマーケティング戦略

「葉っぱ」をブランド化して大成功!

高齢者の生きがいビジネスをつくった事例

高齢者ビジネスを立ち上げ、町は活性化へ

「上勝町（かみかつちょう）」という徳島県にある町の名を聞いても、一般の人はピンとこないかと思いますが、別名「葉っぱの町」「いろどり（彩）」などと聞けば、レストランのシェフや、日本料理店の料理長などにとっては、かけがえのないブランドとして有名です。

どういうことかといえば、この町は人口2千人弱、わずか850世帯余りしかない過疎化と高齢化（人口の半分が65歳以上なので国内でもトップクラス）のすすむ町ですが、葉っぱ（つまもの＝南天、もみじ、うらじろ、柿の葉など＝レストランや料亭、旅館などの料理を美しく彩る季節の飾りもの）を高齢者ビジネスとして立ち上げ、見事に成功させているからなのです。

葉っぱビジネスのポイントは、軽量でキレイであり、女性や高齢者でも取り組める商材であり、上勝町の山間に自生するものを採集するだけ――というお手頃なところにあります。

しかし、「つまもの」は、従来流通市場すらなく、シェフや料理長が、自分の独自のルートで仕入れをしなければならないという、完全な脇役の素材にすぎなかったものでした。それを、**全国の農協ルートはもちろん、レストラン、料亭、日本料理屋のルートまで開拓して、流通と市場をしっかりと築いてきたのですから、革命的なことだったのです。**

1987年にスタートした時の参加農家はたった2軒、それが2年後には44軒と増え、現在では200軒以上で、300種類以上もの季節の葉っぱを扱っています。

ただし、葉っぱは、種類を多く採集すれば右から左に売れて儲かるという商品ではありません。ブランド化に成功したのには、理由があったのです。
　決まった数量を毎日出荷するのではなく、全国の市場情報を収集し、おばあちゃんたちが自らマーケティングを行なえる体制を作り、常にその時点で最も高く売れる葉っぱを採集し、全国に出荷するからなのです。
　よって、市場で買い叩かれることなく、希少価値を保ち、高品質の葉っぱだけを供給できるようになっているのです。
　そのために、町ぐるみで開発した、高齢者でも簡単に使える専用のブラウザを搭載したパソコンを活用し、ブロードバンドネットワークを構築したのです（現在はさらに進化して、シンプルでわかりやすいアプリを開発し、Androidタブレット「GALAXY Tab」を活用）。

年収が1千万を超えるおばあちゃんも登場

　自分の売上が今どうなっているのか（ランキングまであるので個々のモチベーションにつながる）、どの葉っぱが今一番高く売れるか――こうした情報を素早く伝達することで、「よし、あと15分頑張って、うらじろの葉を何枚追加しよう」などと、おばあちゃんたちが奮闘するのだそうです。

　今や年商2億6千万円を超え、一人で年収1千万円を稼ぐおばあちゃんまでいるそうです。上勝町の産物はもともと木材と温州みかんでした。しかし、木材は輸入自由化と産地間競争が激しくて伸び悩み、みかんは1981年に襲った局地的異常寒波で壊滅的打撃を受けます。
　この歴史的大災害を乗り越えるため、軽量野菜を中心に栽培品目を増やし（81年の8品目が83年には24品目）、さらに季節的要因が少ない椎茸の栽培を始めます（現在の年商5億円超）。そして、人口の半分を占めるお年寄りにも活躍できるビジネスとして、葉っぱビジネスが1987年にスタートしています。
　この町の成功物語を語るときに、忘れてはならないリーダーの存在があります。現在、上勝町の出資で作られた㈱いろどりの代表取締役を務める横石知二

CHAPTER ⑥ さまざまな企業事例に見るマーケティング戦略

徳島県上勝町の葉っぱビジネス

- 自生している
- 流通市場なし
- 高齢者でも採集できる
- 軽量で扱いが楽

↓ 葉っぱ

ビジネスになる！

―― マーケティング戦略 ――
① 独自開拓で流通チャネルと市場をつくる！
② 市場ニーズをモバイル機器で情報管理！

ブランド化に成功！

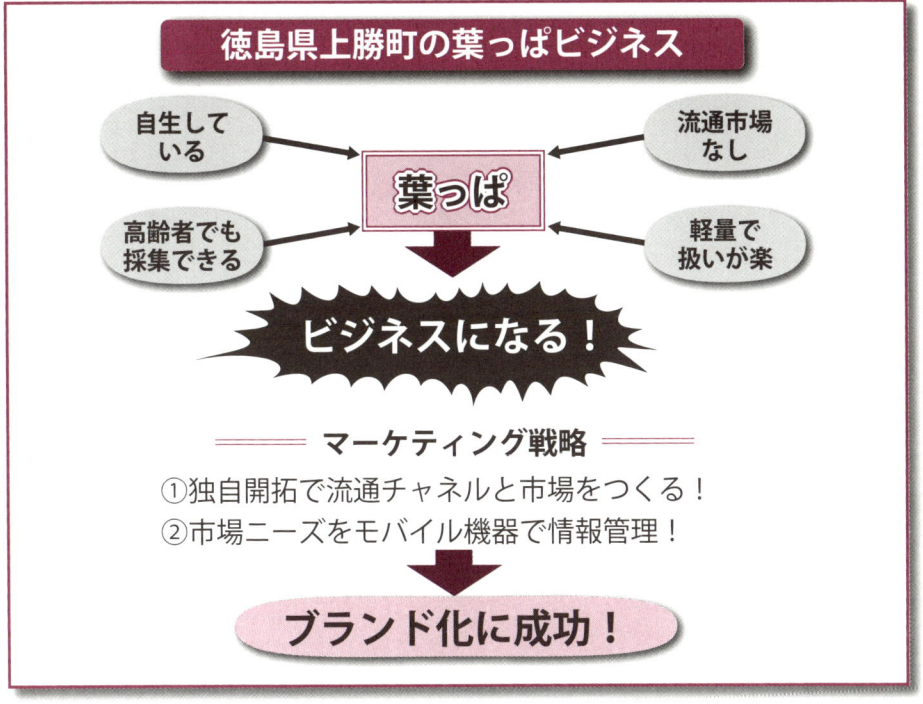

さんです。1979年に徳島県農業大学校を卒業して、地元の上勝町農業協同組合に入社したこの人が、上勝町の農業を救い、葉っぱビジネスを思い立って、事業化に導いていったからです。詳しくはソフトバンククリエイティブ刊行の横石さんの著書「そうだ、葉っぱを売ろう！」や「生涯現役社会のつくり方」をぜひお読みください。

マーケティングにおける起業のあり方や、ブランド化の推進方法が実に見事に語られているからです。

現場で使える！ Point

まったく市場が存在しなくても、
巧みなマーケティング力があれば
ビジネスは生まれる！

B級グルメの「たこ焼き」をブランド化へ

「築地銀だこ」の成功の秘訣とは？

B級グルメもブランドに変えることは可能

「たこ焼き」というのは、B級グルメの代表的な食べ物でした。

関西では、たこ焼きの発祥地らしく、あまねく普及して常設店舗でも売られていましたが、関東ではお祭りなどの仮設店舗で臨時に売られる、汚い屋台でのジャンクフードのイメージが定着したものにすぎませんでした。

関西では、一家に一台たこ焼き機があっても不思議がないほど家庭に浸透し、関西人の中には、たこ焼きをおかずにして、ご飯を食べたことのある人も少なくないでしょう。

しかし、こうしたイメージは、今日ガラリと変わりました。
今や、「築地銀だこ」というブランド化を成し遂げた㈱ホットランドという会社が展開する常設店舗には、ひっきりなしに行列ができ、スーパーで8個入り280円程度で売られているたこ焼きが、「築地銀だこ」の標準メニューでは6個入りなのに500円で売られているのです。倍以上の価格差です。

それでも、スーパーで買わずに行列してまで、何故に「築地銀だこ」の店舗に群がる人たちがいるのでしょうか。

これこそ、ブランド化された「たこ焼き」だからなのです。

もはや「築地銀だこ」は「たこ焼き」に非ず、「銀だこ」だからなのです。

では、ここでその秘密をマーケティングの見地から探っておきましょう。

この「築地銀だこ」ですが、多店舗展開に乗り出してから、わずか15年で、国内400店舗を超えるたこ焼き系店舗を展開し、2011年3月の東日本大震災に

CHAPTER 6　さまざまな企業事例に見るマーケティング戦略

マーケティングの失敗例

※立地の悪さをカバー！

かき氷	ラーメン
今川焼	焼きそば
たこ焼き	アイスクリーム

複合店舗

→ ● 子供の好きな食べモノは何でもあり！
● 作り置きすると、冷めておいしくなくなる！

失敗！

★セグメンテーション → どんな顧客層？　B級グルメ？
★ターゲティング → 大人相手？　子供相手？
★ポジショニング → いったい何屋さん？

立地が悪い ＋ お客が来なくなる → 閑古鳥！

際しては、いち早くガレキの残る被災地に駆けつけ、移動販売車でたこ焼きを焼き続け、被災地の人たちに無料で配って激励しています。

　さらに、仮設の店舗を複数作って、外食複合店舗を並べ、横町の風情を生み出し、現地の雇用に一役買うだけでなく、ついには本社までを宮城県石巻市に移設してしまうという、被災地徹底支援の社会貢献活動でも、大きく注目されました。

　この会社を率いるのは、佐瀬守男さんという1962年生まれの人物です。

　群馬県桐生市に生まれ育ち、長じてからは、桐生市で最初の事業をスタートさせました。なんと始めた商売は、「かき氷」から「ラーメン」「今川焼」「焼きそば」「たこ焼き」「アイスクリーム」などに至るまで、子供が喜びそうな食べ物を全部扱う店をオープンしたのです。

　資金力が乏しく、立地の悪い場所での出店だったため、このようなB級グルメ複合型店舗という戦略で勝負に出たわけです。

しかし、多品種フードの一括取り扱い作戦は仇となりました。

作り置き商品は冷めて不味くなり、次第にお客さんが寄り付かなくなります。ついには閑古鳥が鳴いて潰れてしまうという大失敗となったのでした。

「セグメンテーション」と「ターゲティング」の不明確さ

コトラーのマーケティング理論に当てはめると、出発時点で「カストマーマイオピア」に陥っていたことがわかります。お客の喜ぶものを揃えたつもりが、「近視眼」にすぎず、本当に顧客が求めているものに、なっていなかったということでしょう。また、どんな層を狙うかの「セグメンテーション」が、B級グルメとだけ定めた粗さ、顧客像は、大人なのか子供なのかの具体的な「ターゲティング」も不明確でした。ゆえに、飲食店としてのポジショニングも取れずじまいに終わっています。素人ゆえの、意気込み先行がもたらしたスタートで、お客さんとの「関係性」を築くどころではなかったというわけです。

しかし、佐瀬さんは、この失敗から多くのことを学んでチャレンジを続けます。今度は立地にこだわり、人が大勢いる場所に仮設店舗でもよいから出向かなければならないこと、また商品を絞り込み、画期的においしい商品を提供しなければ──という思いにつなげるのです。これが、商品をたこ焼きに絞り、既存のたこ焼きをイノベーションすることにつながります。**コトラーのいう「バーティカル・マーケティング」の手法**でした。

既存製品のままでは、差別化できずに、市場で埋もれてしまい、結局、永遠に優位に立てないという気づきなのです。

コトラーの言う「新しい価値を生み出すこと」の実践に他ならなかったのです。それからが、佐瀬さんの真骨頂でした。徹底した商品研究を行なったのです。従来のたこ焼きの中のタコはなぜ固いのか、ジューシーな本来のタコの鮮度と旨味を引き出すにはどうしたらよいのか。どこの産地のタコを使い、どんな調理法が適しているのか、こうした事柄にこだわりが発揮されていったのです。具の選定、だし汁・生地の調合、焼き方とすべてにわたる研究です。

CHAPTER 6 さまざまな企業事例に見るマーケティング戦略

「築地銀だこ」のブランド戦略！

《従来》
たこ焼き ＝ ジャンクフード

↓ 差別化

《築地銀だこ》
- とびきりのおいしさ！
- 人通りの多い立地に出店
- 高品質！

- セグメンテーション → 繁華街やスーパーに買い物に来る人たち
- ターゲティング → 子供のいるお母さん
- ポジショニング → とびきりのおいしいたこ焼き

↓

新しい価値の提供

こうした試行錯誤の開発研究と全国のたこ焼きの食べ比べ行脚の結果、今日の「築地銀だこ」のおいしさにつながる、中がトロトロで香ばしく、外側の皮がパリッとした（北京ダックの調理法がヒントになったそうです）画期的な製品づくりに結実するのです。「築地銀だこ」の美味しさの大きな特徴の一つに、焼きの最終段階で、南部鉄製の特注鉄板の上で、ノンコレストロール100％の植物油をかけるという工程があります。南部鉄は、細かい凸凹があるため、油がまんべんなく「銀だこ」を包み、揚げたように外側がパリパリになるのです。また、タコは冷凍を使わず、冷蔵したものを独自の手法で塩もみし、「銀だこ」に適した湯で加減にしているため、プリッとした歯ごたえのある食感が楽しめるようになっています。

■ たこ焼き文化のイノベーションの確立

　コトラーのマーケティングに当てはめると、「築地銀だこ」の「セグメンテーション」は、繁華街やスーパーなど人の大勢いる場所に買い物に来るお客と定められ、「ターゲティング」は、子供のいる若い主婦ということになるでしょう。ポジショニングは、店名にも由来する「魚河岸の活気」「新鮮な素材を使っている」という「築地銀だこ」に象徴されます。いずれ高級イメージの銀座にも出店したいという願いは「銀」に込められていました（すでに銀座に出店ずみです）。たこ焼きだけど、とびきりおいしい「最上級のたこ焼き」なのです。

　このように、たこ焼きのイノベーションで、見事なブランド化を成し遂げたのが「築地銀だこ」なのです。読者のみなさんで、まだ食べたことのない方がいましたら、ぜひ一度食してみることをお勧めします。そこには、たこ焼き文化のイノベーションが、たしかな形で息づいているからです。

現場で使える！Point

「たこ焼き」というB級グルメ商品であっても、コンセプトを磨き上げれば、立派なブランド価値をもつことが出来る。

《参考文献》

『コトラーのマーケティング入門』
（フィリップ・コトラー、ゲイリーアームストロング著：恩蔵直人監修、月谷真紀訳）トッパン

『マーケティング・マネジメント―競争的戦略時代の発想と展開』
（フィリップ・コトラー著：村田昭治監修、小坂忍、疋田聰、三村優美子訳）プレジデント社

『新版マーケティング原理―戦略的行動の基本と実践』
（フィリップ・コトラー、ゲイリーアームストロング著：和田充夫、青井倫一訳）ダイヤモンド社

『市場戦略論』
（フィリップ・コトラー著：DIAMOND ハーバード・ビジネス・レビュー編集部訳）ダイヤモンド社

『コトラーのマーケティング・コンセプト』
（フィリップ・コトラー著：恩蔵直人監訳、大川修二訳）東洋経済新報社

『コトラーのマーケティング3.0　ソーシャル・メディア時代の新法則』
（フィリップ・コトラー、ヘルマワン・カルタジャヤ、イワン・セティアワン著：恩蔵直人監訳、藤井清美訳）朝日新聞出版

『コトラー＆ケラーのマーケティング・マネジメント　第12版』
（フィリップ・コトラー、ケビン・レーンケラー著：恩蔵直人監修、月谷真紀訳）Pearson Education Japan for JP

『マーケティング原理　第9版―基礎理論から実践戦略まで』
（フィリップ・コトラー、ゲイリーアームストロング著：和田充夫訳）ダイヤモンド社

『社会的責任のマーケティング―「事業の成功」と「CSR」を両立する』
（フィリップ・コトラー著：恩蔵直人監修、月谷真紀訳）ピアソン・エデュケーション

『コトラーのマーケティング講義』
（フィリップ・コトラー著：木村達也監訳、有賀祐子訳）ダイヤモンド社

『コトラーのマーケティング思考法』
（フィリップ・コトラー、フェルナンド・トリアス・デ・ベス著：恩地直人監訳、大川修二訳）東洋経済新報社

『非営利組織のマーケティング戦略』
（フィリップ・コトラー、アラン・アンドリーセン著：井関利明監訳）第一法規

『コトラーの戦略的マーケティング』
（フィリップ・コトラー著：木村達也訳）ダイヤモンド社刊

『コトラーのプロフェッショナル・サービス・マーケティング』
（フィリップ・コトラー、トーマス・ヘイズ、ポール・ブルーム著：白井義男監修、平林祥訳）ピアソン・エデュケーション

『インターナル・マーケティング―内部組織へのマーケティング・アプローチ』
（木村達也著）中央経済社

『現代広告論　新版』
（岸志津江、田中洋、嶋村和恵著）有斐閣

『消費者行動論体系』
（田中洋著）中央経済社

『バリュー・プロフィット・チェーン―顧客・従業員満足を「利益」と連鎖させる』
（ジェームス・L・ヘスケット、レオナード・A・シュレンジャー、W・アールサッサー著：山本昭二、小野譲司訳）日本経済新聞社

『ポジショニング戦略　新版』
（アル・ライズ、ジャック・トラウト著：川上純子訳）海と月社

『マーケティング10の大罪』
（フィリップ・コトラー著：恩蔵直人監修、大川修二訳）東洋経済新報社

『マーケティングをつくった人々』
（ローラ・メーザー、ルエラ・マイルズ著：木村達也監訳、早稲田大学商学学術院木村研究室訳）東洋経済新報社

『マネジメント・テキスト　マーケティング入門』
（小川孔輔著）日本経済新聞出版社

『マーケティング用語辞典』
（和田充夫、日本マーケティング協会編）日本経済新聞社

『社会が変わるマーケティング』
（フィリップ・コトラー、ナンシー・リー著：スカイライトコンサルティング訳）英治出版

『マーケティング学説史』
（マーケティング史研究会編）同文館出版

『マネジメント［エッセンシャル版］基本と原則』
（P・F・ドラッカー著：上田惇生訳）ダイヤモンド社

『プロフェッショナルの条件―いかに成果をあげ、成長するか』
（P・F・ドラッカー著：上田惇生訳）ダイヤモンド社

『ドラッカー365の金言』
（P・F・ドラッカー著：上田惇生訳）ダイヤモンド社

『［新版］ドラッカーの実践経営哲学』
（望月護著）PHP研究所

『ネクスト・ソサエティー　歴史が見たことがない未来がはじまる』
（P・F・ドラッカー著：上田惇生訳）ダイヤモンド社

『イノベーションと企業家精神（ドラッカー名著集）』
（P・F・ドラッカー著：上田惇生訳）ダイヤモンド社

『イノベーターの条件―社会の絆をいかに創造するか』
（P・F・ドラッカー著：上田惇生訳）ダイヤモンド社

『P・F・ドラッカー完全ガイドブック』
（上田惇生著）ダイヤモンド社

『明日を支配するもの―21世紀のマネジメント革命』
（P・F・ドラッカー著：上田惇生訳）ダイヤモンド社

『すでに起こった未来―変化を読む眼』
（P・F・ドラッカー著：上田惇生、林正、佐々木実智男、田代雅美訳）ダイヤモンド社

【著者略歴】

神樹兵輔（かみき　へいすけ）

マネー作家。
主な著書に『20代で資産をつくる本』、『マネー裏ワザ講座』（廣済堂出版）、『悪の経済学』（KKベストセラーズ）、『図解 景気のカラクリ＆金融のしくみ』『金儲けの経済学おもてのカラクリ ウラのしくみ（PARTⅠ～Ⅲ）』『金儲けの投資学』『TV＆新聞＆ネットで目にする経済の疑問』『知っておきたいお金の常識』『面白いほどよくわかる世界経済』『街角のタバコ屋はなぜ営業を続けられるのか？』（日本文芸社）、『最新日本経済の基本と仕組みがよーくわかる本』『サラリーマンのための安心不動産投資術』（秀和システム）、『自分に合った資産運用・投資術』（西東社）他多数。
メールは kamiki0225@yahoo.co.jp

現場で使える！
コトラー理論
＊
2012年9月25日　第1刷発行

著　者
神樹兵輔
発行者
友田　満
DTP
株式会社キャップス
印刷所
誠宏印刷株式会社
製本所
株式会社越後堂製本
発行所
株式会社日本文芸社
〒101-8407　東京都千代田区神田神保町1-7
TEL.03-3294-8931[営業], 03-3294-8920[編集]
＊
©Heisuke Kamiki 2012
Printed in Japan　ISBN978-4-537-25959-9
112120920-112120920Ⓝ01
編集担当・大谷

URL　http://www.nihonbungeisha.co.jp

落丁・乱丁などの不良品がありましたら、小社製作部宛にお送りください。
送料小社負担にておとりかえいたします。
法律で認められた場合を除いて、本書からの複写・転載（電子化を含む）は禁じられています。また、代行業者等の第三者による電子データ化および電子書籍化は、いかなる場合も認められていません。